사도행전

황원찬 지음

하나님의 사람을
만들어 가는
엘맨
ELMAN

사도행전

초판1쇄   2023년 6월 13일
지은이   황원찬
펴낸이   이규종
펴낸곳   엘맨출판사
등록번호   제13-1562호(1985.10.29.)
등록된곳   서울시 마포구 토정로 222
          한국출판콘텐츠센터 422-3
전화   (02) 323-4060, 6401-7004
팩스   (02) 323-6416
이메일   elman1985@hanmail.net
          www.elman.kr

ISBN   978-89-5515-066-7   03230

값 12,000 원

Acts of the Apostles

머리말

사도행전은 누가가 자신의 여행기를 기초로 하여 기록하였음을 사도 요한의 제자인 폴리갑, 폴리갑의 제자인 이레니우스 또한 교부 클레멘트, 터툴리안, 유세비우스는 증거해줍니다. 사실 누가는 바울의 전도 여행을 동행하였고 아마도 본서는 바울의 순교 후(AD 67) 기록되었을 것이라 추정합니다. 사도행전 크게 전반부(1장-12장), 후반부(13장-28장)로 나눌 수 있습니다. 초대교회사에 있어 전반부는 사도들과 베드로의 활동, 성령 강림으로 교회 탄생이 기록되었습니다. 후반부는 기독교의 신학, 선교, 신앙, 목회에 절대적 영향을 미쳤던 바울의 활동입니다. 바울의 1차 전도여행(AD 47-48), 2차 전도여행(AD 50-52), 3차 전도여행(AD 53-56)을 통한 선교는 신학 사상과 교회사에 절대적 영향을 주었고 마지막 로마전도여행에서 1차 투옥(AD 60-62), 2차 투옥(AD 65-67)과 순교는 세계의 모든 기독교인들에게 절대적 신앙의 영향을 준 것이 확실합니다. 바울의 삶은 다메섹 회심

(AD 32) 이후 그의 순교(AD 67)까지 주님의 종으로 평생 주님을 위해 산 헌신 삶이었고 그의 신앙, 신학에 있어 오직 은혜, 오직 십자가, 오직 구원은 우리 구주 주님으로부터 온 것이라는 사상입니다. 이는 후대에 기독교 교회사에 종교개혁자들이 계승한 사상이며 개혁 교회에 이단을 경계하며 오직 순수 복음의 터 위에 굳게 서서 주님 오시는 날까지 온전한 신앙을 보존하고 계승하는데 절대적 영향을 줍니다.

화양동 서재에서
황원찬

목차

감람산에서

행1:1-11

　　사도행전은 성령행전이라 불리면서 주님의 지상 사역과 성령을 통한 사역 사이에 과도기적 상황을 보여줍니다. 주님은 부활하신 후 40일 동안 지상에 계시면서 승천하시기 전 감람산에서 주시는 말씀입니다.

1. 예루살렘을 떠나지 말라고 하심 입니다.

　　4절 "예루살렘을 떠나지 말고"

　　왜? 예루살렘을 떠나지 말라고 하십니까? 예루살렘은 교회의 모형입니다. 솔로몬왕이 성전을 건축한 장소이며 이곳은 모리아산입니다. 아브라함은 모리아산에서 100세에 얻은 이삭을 번제로 드렸던 구속사적 중요한 곳으로 오늘날 주님이 피 값으로 사신 교회를 뜻하기 때문에 "떠나지" 말라고 말씀하셨던 것입니다.

2. 성령을 받으리라고 하십니다.

5절 "너희는 몇 날이 못되어 성령으로 세례를 받으리라"

성령이 오심은 아버지의 약속입니다. 주님께 마지막 날 제자들에게 말씀하신 주제가 성령이 오심입니다. 요 14:16절에 "내가 아버지께 구하겠으니 그가 또 다른 보혜사를 너희에게 주사"를 미리 말씀하심 입니다. 구약에도 성령이 임하심 있습니다. 그러나 구약에서 성령이 오심은 때로 단회적이고 구원의 사역을 위해 특정인에게 임하였습니다. 그러나 성령은 특정한 임무가 마치면 떠나기도 했습니다. 신약에서는 성령의 오심은 택한 자들에게 떠나지 않고 천국 가는 날까지 구원의 보증자가 되심입니다. 거듭난 성도들이 죄를 범하며 성령의 탄식하시고 생활 속에 그리스도인의 능력이 증거 되지 않을지라도 성령은 떠나지 않습니다. 그러나 성령은 늘 근심합니다. 성령충만을 원하십니다.

3. 주님의 증인되라고 하십니다.

8절 "오직 성령이 너희에게 임하시면… 내 증인이 되리라"

주님은 제자들에게 성령이 임하시면 그들이 능력을 받게 될 것을 확신시켜 주심입니다. 하나님의 "능력" 헬라어로 "뒤나민"은 사역을 감당하는데 필요한 모든 능력을 뜻합니다. 바울도 빌

4:13 "내게 능력 주시는 자 안에서 내가 모든 것을 할 수 있다" 고 했습니다. 성령충만함 받아야 만이 주님의 사역을 위한 증인 이 될 수 있는 것입니다. 인간의 재능과 능력, 힘으로는 하나님 의 일을 감당할 수 없습니다. 실패합니다. 하나님의 일은 성령이 하십니다. 여기서 "증인"이란 헬라어로 "마르튀스"로 죽음을 두 려워하지 않는 담대함, 순교적 신앙을 의미합니다. 실제 주님의 제자들, 옛 성도들은 한결같이 순교자로서 주님을 따랐습니다.

베드로의 설교(1)

행1:15-26

베드로는 120여 성도들 앞에서 설교합니다. 설교의 주제는 주님을 팔아넘긴 유다에 대한 것입니다. 베드로는 12제자 중에서 지도자적 위치에 있었고 여기에서도 그는 대표자의 자격으로 모임을 주도하고 있음을 엿보게 됩니다. 베드로의 설교의 내용은 다음과 같습니다.

1. 유다에 대해서 입니다.

16절 "예수 잡는 자들의 길잡이가 된 유다를" 가룟 유다는 주님의 일행 중에 회계를 맡은 자이며 이 직무는 그가 대단한 신임을 받았음 보여줍니다. 그는 이렇듯 중요한 위치에 있었음에도 불구하고 인간의 탐심에 의해 주님을 배신하는 중죄를 범하고 만

것입니다. 제자는 주님이 직접 부르신 직무입니다. "직무"의 헬라어는 "디아코니아" 단어로 "섬김", "헌신" 뜻합니다. 그런데 가룻 유다는 선생을 파는 길잡이가 된 것입니다. 고작은 30냥 때문입니다. 이는 사탄이 그 속에서 조종하여 된 것입니다. 요 13:2 "마귀가 벌써 시몬의 아들 가룻 유다의 마음에 예수를 팔려는 생각을 넣었더라" 결국 주님의 부르심의 직무를 저버리는 불명예와 불행을 자초한 것은 마귀 도구가 되었기 때문입니다.

2. 제자를 세움에 대하여 입니다.

22절 "항상 우리와 함께 다니던 사람 중에 하나를 세워" 제자 직무의 중요성을 이미 시편 69:25에 언급한 것처럼 "그들의 거처를 황폐하게 하시며.. 그의 직분을 타인이 취하게 하소서" 한 것입니다. 중요한 주님이 주신 직무를 업신여기며 저버리게 되는 것은 비극적인 생애라고 할 수 있습니다. 가룻유다에 대해 사도들이 이구동성으로 그 직분을 타인 취하게 해달라는 것은 직무의 중요성 때문인 것입니다. 베드로는 유다가 저버린 직무에 대한 중요성을 강조하며 타인이 이 직분을 감당하게 해달라는 것을 구약 시편을 인용하여 설교합니다.

3. 제비 뽑음에 대하여 입니다.

26절 "제비 뽑아 맛디아를 얻으니…" 사도들은 제자의 직무를 위하여 두 사람을 천거합니다. 유스도와 맛디아입니다. 이를 위해서 모여 기도합니다. 그리고 제비를 뽑습니다. 사도들은 기도하며 뭇사람의 마음을 아시는 하나님의 뜻을 구하는 것입니다. 이는 사도의 후계자가 주님으로부터 부여 받은 사도권이 되어진 직무이기 때문입니다. 그 후 제비를 뽑습니다. 제비뽑기는 구약에서 하나님의 뜻을 묻기 위해서 많이 사용되었습니다(레 16:7-10). 사도들도 당시에 제비뽑기 방식을 따라 선출합니다. 객관적, 공평성을 위함입니다. 그러나 오순절 성령 강림 이후 성경에는 이러한 방식을 언급하지 않습니다.

오순절

행 2:1-13

오순절은 초대교회 탄생의 날이며 약속하신 성령이 강림한 날입니다. 신약 교회에 시작이 된 것입니다. 원래 이날은 유월절 주간 안식일 날부터 50일 째 되는 날 지키는 오순절 절기가 됩니다. 칠칠절이라고 불리는 것은 유월절 기간 동안 처음 익은 보리를 제단에 드린 날이기 때문입니다. 추수가 끝나는 49일(7주)의 추수 기간 다음날입니다(출 34:22, 신 16:10). 또한 이날은 처음 수확한 밀을 가지고 떡을 만들어 제사 드리기 때문 "맥추절"(출23:16) 혹은 "초실절"(출34:12) 이라고 합니다. 이 오순절 날 마가다락방에 120여명이 모여 주님이 약속하신 성령 강림을 기다렸습니다. 오순절에 약속하신 성령이 강림했습니다.

1. 약속하신 성령이 강림하였습니다.

2절 "하늘로부터 급하고 강한 바람 같은 소리가 있어" 3절 "불의 혀처럼" 먼저 "바람"은 성령의 임재를 뜻하는 징표입니다. 헬라어로 "영"은 "프뉴마" 단어로 "바람"과 연관되었고 "바람"은 헬라어 "프로에"입니다. 즉, 바람 같은 성령은 제자들이 지금까지 체험했던 것보다 더 친밀하고 인격적이고 강력한 방법으로 성령께서 임재하셨다는 것을 나타내며 오늘날도 성령을 각 사람에 인격적으로 친밀히 교통하심입니다. 또한 불의 혀처럼 역시 성령임재를 묘사합니다. 이와 관련하여 구약에서도 여러 번 하나님의 임재를 표현했습니다(출 3:2-5). 구역에서는 불을 하나님의 전능성, 거룩성을 상징합니다. 오순절 성령은 각 사람에 있어 더러운 것을 태우며 거룩함을 이루며 사역에 있어 능력을 받아 행하게 함입니다.

2. 각 지방 방언을 말하게 되었습니다.

4절 " 다른 언어들로 말하기를 시작하니라" 구 성경은 다른 방언이라 표기 했으나 개역 번역에서는 다른 언어로 표기 되었습니다. 즉, 초대 교회 방언을 말함은 외국인들이 자신의 언어로 듣는 통역입니다. 하나님은 바벨론 사건으로 사람의 언어를

혼잡하게 하셔서 그들을 흩으시었으나(창 11:1-9) 성령은 언어를 회복시킨 것으로 새 시대에 도래를 예고하신 것입니다. 이는 장래 하나님 나라에 언어가 우주적으로 통일 언어가 될 것을 암시합니다. 오순절 성령 강림으로 방언은 듣는 각 나라 사람들이 다 놀라 우리가 각 사람이 난 곳 방언을 듣는 것이 어찌 된 일인가 놀라워했습니다. (8절, 12절) 제자들은 갈릴리 출신들입니다. 일반적으로 촌 사람들로 뛰어난 언어 구사력이 없는 무식한 자들입니다. 그러나 성령은 초자연적 언어로 각 나라 방언으로 듣게 되는 통역 방언이 되게 하신 것입니다. 즉, 복음의 일, 생명을 구하는 사역, 이 땅에 하나님의 교회가 세워지는 일들은 성령의 사역입니다.

3. 새 술에 취했습니다.

13절 "그들이 새 술에 취하였다 하더라" 멸시하고 비난하는 말입니다. 왜냐하면 술 취한다는 것은 방탕의 표시가 될 수 있기 때문입니다. 엡 5:18 "술 취하지 말라 이는 방탕한 것이니" 당시 술 취하는 것은 불신세계에서 빈번하게 일반화 되어 있으며 초대 교회에서도 심각한 문제 중 하나였습니다. "방탕"은 헬라어 "아소티아"로 헬라 사회의 "방종" 혹은 "돈과 물욕의 무절제한 낭비"을 의미합니다. 반면에 "새 술"은 헬라어 "글류코스"

로 감미로움 뜻하는 말입니다. 이는 발효되지 않는 포도즙입니다. 성령 충만한 제자들은 인간의 이성, 과학을 초월한 능력이 놀랍게 나타난 징조였습니다. 오늘날도 복음 사역의 신앙이 성령충만을 힘입지 못한다면 사역은 불가능한 일입니다. 마치 술취한 사람이 이성, 감정을 억제하지 못하고 무절제한 추한 모습과 같이 성령 충만함도 내 이성, 감정, 의지를 초월한 신령한 힘으로써만 이 복음 사역의 일도 가능한 것으로 보여지는 것입니다. 늘 깨어 성령 충만 해야합니다.

베드로의 설교(2)

행 2:14-22

베드로가 소리 높여서 설교합니다. 오순절 전까지만 해도 비겁했던 베드로가 지금은 군중 앞에서 큰 소리로 설교하게 됨은 성령의 능력인 것입니다. 그가 평범한 어부 출신이었지만 설교한다는 것은 상당한 변화입니다. 베드로의 증거는 다음과 같습니다.

1. 성령의 나타남에 대하여 증거합니다.

15절 "이 사람들이 취한 것이 아니라" 무슨 의미입니까? 새 술 취하였다는 것은 오해이며 그릇된 편견입니다. 제 삼시에 대해 베드로는 설명합니다. 유대인들 시간 법은 해 뜰 때부터 해질 때까지 12로 나누어 시간을 계산합니다. 따라서 제 삼시는 아침 9시로 이 시간 절대로 유대인들은 음식, 술도 먹지도 마시지도 않습니다. 베드로는 그릇된 편견으로 제자들을 오해한 군중들에게 이는 약속된 성령이 나타난 표적이라고 한 것입니다. 복음 전파, 방언(통역), 병 고침, 귀신 쫓아냄, 찬송, 기도로 나타나는 모든 표적은 성령이 하시는 사역입니다. 막 16:17-18에 "믿는 자들에게 이런 표적이 따르리니 곧 그들이 내 이름으로 귀신을 쫓아내며 새 방언을 말하며 뱀을 집어 올리며 무슨 독을 마실지라도 해를 받지 아니하며 병든 사람에게 손을 얹은 즉 나으리라"는 주님의 말씀입니다. 다 성령의 능력으로 나타나는 표적입니다. 베드로 역시 그의 설교로 통하여 신약교회의 탄생과 복음의 사역은 성령이 오심으로 나타나는 능력을 증거하는 것입니다.

2. 요엘 선지의 예언에 대하여 증거합니다.

16절 "이는 곧 선지자 요엘을 통하여 말씀하신 것이니" 성령이 오심에 대한 예언은 구약 요엘 선지가 500년에 약속한 말씀임은 베드로는 구약을 인용하여 성취성과 엄숙성을 강조합니다. 베드로는 오순절 성령 강림이 복음의 우주적인 확산을 상징하는 사건일 뿐 아니라 모든 육체에 성령을 부어준다는 말은 오순절 이후 성령강림은 구약과는 달리 보편적인 강림을 의미합니다. 베드로는 요엘 선지에 대하여 상세히 해석합니다. 구약 요엘 2:28에 나타난 "예언", "환상", "꿈"은 구약 시대에서는 특수한 사람들에게만 주어진 것이나 신약시대에서는 성령을 사모하는 모든 자에게 주어지는 은총입니다. 주님도 성령을 기다리는 자들에게 사모하는 자들 간구하는 자들에게 약속하신 아버지의 성령을 받을 것이라 하였습니다.

3. 예수님을 증거합니다.

22절 " 나사렛 예수로 큰 권능과 기사와 표적을 너희 가운데서 베푸사" 베드로의 설교 핵심은 예수 그리스도입니다. 주님이 행하신 권능과 기사와 표적은 주님이 하나님 아들이시며 천하 만민을 구원하신 구주이심을 잘 증거합니다. 그래서 누구든지 주의 이름을 부르는 자는 구원을 얻는다 하심이 가장 강조 되는 설교의 내용입니다. 주의 이름을 부르는 자란? 예수님을 구주로 영접한 구원 받은 성도를 지칭합니다. "주"는 "퀴리오스" 단어입니다. 구약에서 "여호와"을 "주"로 표현했는데 신약에 곧 그리스도 예수는 동일한 하나님이 보여줍니다. 주님을 내 구주로 영접하는 복음의 능력이 나타나기를 바랍니다.

앉은뱅이

행 3:1-10

초대교회에 성령의 표적이 나타납니다. 태어나면서 한 번도 걸어본 적이 없는 앉은뱅이가 걷게 되어지는 사건이 일어납니다. 이 병자는 40세 된 청년이 일어나지도 걸어볼 수도 없었던 것이었습니다. 늘 하루, 하루 성전 미문 옆에서 지나가는 행인들로 동냥을 받고 사는 불쌍한 사람입니다. 그러나 이 사람은 일어나게 됩니다. 이 기적은 놀라운 사건이었습니다.

1. 기도 시간에 일어났습니다.

1절 "제 구 시 기도 시간에" 기도 시간 정하는 것은 경건의 관습이고 영적 각성을 위한 것이라 할 수 있습니다. 인간은 게으름과 나약함이 있으므로 시간을 정하여 놓으면 각성하여 규정을 지키려는 노력을 할 것입니다. 여하튼 기독교 신앙과 표적은 기도의 사역으로 이루어집니다. 한국 기독교의 부흥은 새벽 기도회입니다. 세계 교회에 유래 없는 새벽 기도회는 짧은 한국 교회사에 성령의 부흥의 표적이 나타난 것입니다. 성령 충만한 사도들은 기도 시간을 사모하고 기도 모임인 성전으로 나아갔습니다. 이 때기적이 나타났습니다. 태어나면서 한 번도 걸어본 적이 없는 젊은이가 일어나게 되었습니다.

2. 예수의 이름으로 일어났습니다.

6절 "은과 금은 내게 없거니와… 나사렛 예수 그리스도의 이름으로 일어나 걸으라 하고" 사도들의 최고의 보물은 부활하신 주님입니다. 사도들은 자신들의 능력이나 신앙심이 좋아서 보다는 자신들이 믿는 주님의 은혜를 늘 의존하는 것임을 밝혀주고 있는 것을 주목해야합니다. 기적의 비결은 주님의 은혜입니다. 다시 말해서 부활 승천하시고 하나님 우편에서 하늘과 땅의 권세를 가지신 주님이 능력을 베푸사 병을 낫게 하신다는 것을 선언한 것입니다. 베드로는 일어나 걸으라 명령합니다. 이 순간 성령의 크신 역사가 불쌍한 걸인 임하게도 된 것입니다. 그는 발목에 힘을 얻어 일어나는 기적을 일어난 것입니다. 주님은 모든 힘에 있어 근원이 되시는 분입니다.

3. 하나님을 찬송하게 됩니다.

8절 "걷기도 하고 뛰기도 하며 하나님을 찬송하니" 구원받은 이후의 걸인은 새 사람 되었습니다. 더 이상 구걸하는 인생이 아니라 하나님을 찬송하는 새 생활로 변화된 자가 되었습니다. 찬송은 예배이며 하나님께 경배와 영광을 돌리는 구원 받은 성도의 특권입니다. 여기서 뛰기도 하고의 헬라에 "할로메노스"로서 뜻은 "토끼처럼 껑충껑충 뛰어 다녔다"는 것입니다. 순진무구한 예배자의 참 모습입니다. 예배자의 자세는 이처럼 신바람이 나야 합니다. 항상 이러한 신앙으로 전능하신 하나님의 구원의 은혜를 찬송하는 어린 아이 심령이 되어야 합니다. 수십 년 오랫동안 걸인은 지난 날 죄 아래 있던 인생의 모습입니다. 그러나 주 예수 그리스도를 영접한 자가 된 은혜를 받은 자들은 죄와 사망에 벗어나 구원 받았으므로 평생 어린아이 같은 심령으로 사는 예배자가 되어야 합니다.

종교지도자들의 질문

행4:1-12

복음전파에, 병 고치는 기적에 따른 박해가 사도들에게 있게 됩니다. 결국 베드로, 요한 옥에 갇히게 되고 맙니다. 그 이유는 사도들이 주님의 부활을 전파하는 것을 싫어했기 때문입니다. 그러나 복음은 능력이 있어 남자만 오천 명이 주님을 영접하는 부흥이 일어났습니다. 아무리 당시 종교지도자들이 박해하였지만 성령이 사도들로 통한 복음 부흥은 막지 못한 것입니다. 사도들 박해한 주요인들은 사두개인들입니다. 사두개인은 히스몬 왕가의 후예들로써 초자연적인 것을 부인하는 종교합리주의자들이며 천사나 마귀, 또한 부활의 교리를 반해하는 자들입니다. 무엇보다도 장차 오실 메시야를 기대하는 것은 헛된 것으로 생각하여 사도들을 옥에 가두었고 그 이튿날 장로들, 안나스, 가야바들과 함께 사도들을 불러내어 질문합니다. 무슨 권세로 복음을 전파하며 병을 고치는 가 입니다. 이 때 베드로는 답변합니다.

1. 예수 그리스도의 이름으로 되어진다는 것입니다.

10절 "하나님이 죽은 자 가운데서 살리신 나사렛 예수 그리스도의 이름으로" 사도들은 거부할 수 없는 엄연한 사실을 증거합니다. 예수 그리스도를 십자가에 못 박아 죽게 한 것은 그들은 왜냐하면 주님은 거룩하고 의로우신 분이며 하나님의 아들이시기 때문이며 산헤드린의 흉악한 책략으로 저질렀던 만행이었던 것임을 힐책합니다. 그러면서 산헤드린의 질문에 너희가 십자가에 죽게 한 주님을 하나님이 다시 살리신 것이며 그 주님의 능력으로 앉은뱅이를 건강하게 된 것임을 답변하고 있습니다.

2. 예수는 집 모퉁이의 머릿돌이 되심입니다.

11절 "이 예수는 너희 건축자들의 버린 돌로서 집 모퉁이의 머릿돌이" 이 말씀은 시 118:22절을 인용합니다. 또, 주님도 제자들에게 이미 주신 말씀이 기도합니다. 마 21:42 "건축자들이 버린 돌이 모퉁이의 머릿돌이 되었나니" "모퉁이 머릿돌"은 지붕이나 건물 바깥 계단, 건축하는데 가장 중심이 되는 돌로 건물의 상부구조를 유지하며 따라서 다른 모든 돌들은 이 돌과 긴밀한 연관성을 갖고 있습니다. 이와 마찬가지로 당시의 건축자들 즉, 이스라엘의 종교 지도자들은 인류를 구원하실 메시야를 십자가에 내어 주어 죽게 하셨으나 하나님께서 다시 살리셨고 인류대속 사역을 온전히 이루셨음을 증거한 것입니다.

3. 예수 그리스도만이 구원이 되심입니다.

12절 "다른 이로써는 구원받을 수 없나니 천하 사람 중에 구원을 받을 만한 다른 이름을" 베드로의 이 증거는 예수 그리스도만이 유일무이한 구주시다는 사실을 증거합니다. 이는 주님 외에 사람의 죄를 대속해줄 수 있는 의롭고 거룩한 신인(神人)은 없다는 것과 오직 주님만이 인간의 죄를 대신하여 십자가에 죽으시고 부활하셨다는 것을 구약성경에서 예언한 그 메시야임을 친히 목격하였음을 말합니다. 여기서 "구원"의 헬라어 "소테리아"는 단순히 앉은뱅이였던 사람이 고친 것과 같은 육적인 구원 뿐 아니라 죄와 그 세력, 그리고 죄의 형벌인 죽음과 영원한 심판으로부터 구원 받는 전 인격적인 구원을 의미합니다.

아나니아와 삽비라

행5:1-11

초대교회에 충격적인 사건이 발생합니다. 아나니아와 삽비라가 죽는 일입니다. 그러나 이 사건은 단순한 죽음으로의 문제가 아닙니다. 두 사람의 죽음으로 알 수 있는 것은 인간의 가장 사악한 본성은 하나님의 것을 가로채려는 물욕, 탐욕입니다. 그러나 하나님은 속지도 않으시고 인간의 거짓을 묵과하지 않으십니다. 아나니아와 삽비라는 가룟유다와 같이 물질에 눈이 어두워 준엄한 형벌이 있던 것이 그들의 행위에 따른 죽음을 초래하게 된 것입니다. 아나니아, 삽비라의 죄악은 다음과 같습니다.

1. 소유 일부는 감추고 헌금을 합니다.

2절 " 그 값에서 얼마를 감추매" 초대교회 일원이었던 두 부부는 소유를 팔기 전에는 순수한 믿음을 지녔으나 막상 밭을 판 후 마음이 변했습니다. 원래 두 부부는 밭을 판 후 교회에 헌금을 하려고 협의된 일이었으나 판 후에 자신의 이익을 위해 횡령하고 나쁜 행위를 한 것입니다. 이미 하나님께 받치기로 작정하였다면 그 서원을 갚아야 함입니다. 사실 자기 소유 밭을 팔았을 때 다 받친다고 협의하지 말고 임의로 헌금할 수 있었음에도 교회와 사도들에게 미리 전부 헌금할 것을 알리고 실제는 아까워서 숨기고 일부만 헌금했습니다.

2. 거짓의 마음은 사탄이 준 것입니다.

3절 " 사탄이 네 마음에 가득하여" 선생을 은 30냥 팔려는 유다 마음에도 사탄이 들어가 선생을 배신한 것입니다. 마찬가지입니다. 베드로는 두 부부에게 그 마음에 사탄이 가득함이라 책망합니다. "사탄"은 헬라어로 "사타나스"로써 "대적자"라는 뜻입니다. 주로 하나님 앞에서 사람을 고발하고 시험에 들게 하는 "거짓영"을 가리킵니다. 또, 상용되는 단어로 사탄은 "디아볼로스" "비방자"라는 뜻이 있습니다. 그래서 베드로는 성령을 속이고 밭을 판 일부를 숨겼냐고 책망합니다.

3. 두 부부가 죽임을 당합니다.

5절 "아나니아가 이 말을 듣고 엎드려져" 참 무서운 일입니다. 초대교회에 강한 성령의 역사가 있게 되고 이적, 기사, 병고침의 표적이 있는 중에 호사다마 마귀의 시험입니다. 이처럼 마귀는 인간을 속이고 파괴하고 망하게 합니다. 부질없는 탐심과 탐욕으로 소중한 영생의 문제를 잃게 만듭니다. 아나니아가 죽습니다. 성령이 강한 역사 가운데서는 하나님의 직접적이고 즉각적인 심판의 결과를 가져도 옵니다. 그러므로 늘 기도를 힘쓰고 깨어 있으면 마귀의 시험을 이길 수 있게 됩니다. 그 광경을 보던 교회와 성도는 살아계신 하나님을 경외하는 신앙심이 돈독하게 되어집니다.

가말리엘

행 5:33-42

　사도들이 대제사장들과 사두개파로 인해 또다시 옥에 갇힙니다. 그러나 주의 사자가 밤에 옥문을 열어주어 성전으로 가게 됩니다. 대제사장들은 성전에서 복음을 전하는 사도들을 죽이려는 분로를 품고 뜻을 같이하는 위험한 상황에 사도들이 처하게 된 것입니다. 이 때, 가말리엘가 사도들을 해치지 못하도록 변호를 합니다. 가말리엘은 유대인의 유전을 체계화한 유명한 힐렐의 손자이면서 율법학자입니다. 한 때 산헤드린 공회의 의장직 맡은 존경받는 인물이며 사도 바울의 스승이기도 했습니다(행22:3). 당시 유대 사회에서 중요한 위치에 있었던 가말리엘은 중재에 나서고 있습니다.

1. 죽이기를 조심할 것 중재합니다.

35절 "이 사람들에 대하여 어떻게 하려는지 조심하라" 사도들을 해하려는 문제의 심각성을 경고합니다. 그러나 가말리엘은 복음을 시인하거나 변호하기 위해서는 아닙니다. 다만 격분을 가라앉히기 위해서 진정시키고 있는 것입니다.

2. 드다와 갈릴리의 유다를 설명합니다.

36절, 37절 "이 전에 드다가 일어나" "그 후 호적할 때에 갈릴리의 유다가 일어나" 가말리엘은 최근 일어난 두 가지 사례를 듭니다. 먼저 드다입니다. 드다는 AD 44-45경 글라우디오가 다스릴 때 일어난 반란 주동자를 많은 사람이 추종했습니다. 드다는 자신은 하나님이 보내신 선지자이며 요단강물을 모세처럼 갈라 사람들을 건너가게 할 수 있다는 초자연적 능력을 추구하는 신비주의자입니다. 그러나 당시 로마 총독이었던 파도스는 소요를 진압하고 주동자를 처단한 것입니다. 두 번째 실례로 갈릴리 유다를 상기시킵니다. 유다의 반란은 "만일 유대인들이 로마에 세금을 바친다면 그들은 매국노라" 선동했던 것입니다. 실제, 유다의 반란은 정치적이어서 로마인들에게는 드다의 반란보다 더 위협적이었습니다. 유대인들은 정치적 메시야를 갈망하였으므로 큰 호응을 얻었지만 얼마 가지 못하여 로마의 총독 구레뇨에 의해 진압된 것입니다.

3. 하나님을 대적하지 말라고 경고합니다.

39절 "도리어 하나님을 대적하는 자가 될까 하노라" 가말리엘은 유대 종교지도자들에게까지 언행심사가 영향을 미치고 있습니다. 사도들이 목숨이 위태로운 불리한 자리에서 변호하며 두 사례를 통하여 동요된 유대 지도자들의 마음을 진정시키게 됩니다. 이로 인해 사도들은 풀려나 다시 복음을 전파하는데 더 담대함을 얻습니다. 요세푸스의 문헌에 가말리엘은 후에는 복음을 믿고 주님을 영접하게 되었다고 기록되어 있습니다. 가말리엘은 좋은 인격자이며 하나님을 경외하는 신앙심이 사도들을 변호하고 생명의 위험 속에서 구하여 낸 것입니다.

집사의 직무

행 6:1-6

신약교회에 최초의 집사가 세워집니다. 성도의 수가 증가함에 따라 원활한 교회 기구(조직)의 필요성이 대두되었고 그로 인해 집사 제도가 생기게 된 것입니다. 초대 교회는 일곱 집사를 세우면서 획기적인 전환 시기를 맞이합니다. 여기에 집사직은 오늘날 현대 교회에 원형이 됩니다. 집사를 세움으로써 나타난 유익은 무엇입니까?

1. 교회 내 질서를 도모합니다.

1절 "헬라파 유대인들이 … 히브리파 사람을 원망하니" 헬라파 유대인이란? 각처에 흩어져 살다가 이스라엘 땅으로 돌아온 디아스포라 출신의 유대인들을 가리킵니다. 반면 히브리파 사람들은 이스라엘 땅에서 출생, 성장한 유대인을 말합니다. 당시 초대교회는 1년 이란 짧은 기간에 25,000명 정도의 숫자로 증가되었습니다. 큰 부흥이 있었습니다. 그런데 교회 안에 구제사업에 있어 마음이 상할 문제가 있었는데 히브리파 사람들에 대한 헬라파 유대인들이 원망하는 문제였습니다. 당시 빈민구제사업으로 사발에 다 음식을 나누어 주는 선한 행실이 미덕이었습니다. 그러나 접대하는 일에 봉사의 손이 부족하여 불평이 나오게 되었습니다. 이 문제를 해소하기 위해 집사의 제도를 세워 교회의 질서를 도모하게 된 것입니다. 12사도는 교회 공동체의 회의를 소집하였고 논의를 했습니다. 민주 방식으로 사도들이 임의로 결정하거나 예수님의 수석제자인 베드로에 의하여 독단적으로 진행되지 않았던 것입니다. 그 자리에서 사도들은 교회 행정적 일로 인해서 진정 복음 사역이 소홀해 질 수 밖에 없고 이로 인하여 필영적 집사의 직무를 수행하는 지도자를 선택하게 된 것입니다.

2. 사도의 직무를 수행하게 합니다.

4절 "우리는 오로지 기도하는 일과 말씀 사역에 힘쓰리라" 여기서 초대교회로부터 현대 교회에까지 평신도 지도자들과 목회자들의 기본적인 사역의 방향을 제시됩니다. 곧, 평신도 지도자들은 교회 안에 사무행정 및 봉사의 직을 수행함이고 목회자들은 기도와 말씀의 직무를 중요히 감당해야 함입니다. "기도"는 헬라어 "프로슈케" 단어로 개인 기도를 포함한 기도회의 의미로 사용합니다. 이는 목회자들이 기도에 열심을 다하는 모습이 성도들에게 비쳐졌다면 당연히 성도들도 기도에 열심을 내었을 것입니다. 먼저 목회자들의 영적 기도 생활이 무엇보다 더 우선되어야 합니다.

3. 집사의 자격은 다음과 같습니다.

5절 "믿음과 성령이 충만한 사람" 집사의 자격에 대하여 3절과 5절에서 언급합니다. 위 구절로 통하여 다음과 같이 집사 자격을 말할 수 있습니다.

① 성령이 충만한 자입니다. (3절 上)
제일 먼저 거론 되는 것은 성령 충만한 자라는 것은 교회의 복음전파와 확장은 성령께서 전적으로 동력이 되기 때문입니다.

② 지혜가 충만한 자입니다. (3절 上)
교회행정 및 사무 처리에 지혜가 있어야 하며 포괄적으로 생활에 필요한 실천적 지혜까지 포함합니다.

③ 칭찬 받는 자입니다. (3절 中)

평판이 좋은 자이며 일에 증명된 자로써 좋은 인격으로 모본을 보여주는 성숙한 생활을 보여주는 자입니다.

④ 믿음이 충만한 사람입니다. (5절 上)

믿음이 아니면 인내할 수 없고 핍박, 박해를 견딜 수 없습니다. 나를 부르신 이가 하나님이시며 세우신 이도 하나님이시라는 소명감을 가져야 합니다. 이는 믿음입니다. 히 11:6 "믿음이 없이는 하나님을 기쁘시게 하지 못하나니"라 합니다.

스데반 집사

행 6:8-15

초대교회에 일곱 집사가 세워집니다. 스데반, 빌립, 브로고로, 니가노르, 디몬, 바메나, 니골라 입니다. 이름이 헬라명입니다. 6 절 "안수하니라" 교회는 공적 안수식으로 집사의 직에 임명합니다. 안수는 신적권위를 상징하고 어떤 고유하고 특정한 책무를 수행하기 위해 교회가 공적으로 행하여지는 의식입니다. 일곱 집사 중 스데반 집사는 어떤 인물입니까?

1. 스데반은 성령이 충만합니다.

10절 "스데반이 지혜와 성령으로.." 스데반 집사의 활약이 두드러집니다. 이는 성령이 충만하기 때문에 언행 심사가 성령의 감동을 받습니다. 반면, 대적자들이 많이 생겨납니다. 스데반이 아직 복음을 받아드리지 않은 헬라파 유대인에게 성령 감동 받아 전파합니다. 또한 복음 전파에 큰 이적과 표적이 나타나게 되니 그러나 대적자들은 헬라파 유대인들이 중심이며 디아스포라 유대인들입니다. 이들은 복음 받아 드리지 않고 대적합니다. 사람들을 매수하고 신성 모독죄로 덮어씌웁니다. 복음을 위한 길은 늘 박해와 핍박이 있습니다. 그럼에도 헌신, 희생을 감수하며 감당하는 것이 성령 감화 때문입니다. 성령 충만으로 이적, 표적도 나타납니다.

2. 거짓 증인들이 고발합니다.

13절 "거짓 증인들을 세우니.." 대적자들은 사람들에게 돈으로 매수하고 돈 받은 사람들은 거짓 증인으로 동원됩니다. 주님도 거짓 증인들로부터 핍박을 받으시고 인류 대속의 십자가를 지신 것입니다. 거짓 증인은 배후에 거짓의 아비, 마귀가 있습니다. 거짓은 무서운 마귀의 계략입니다. 성령의 도우심으로만 마귀를 이길 수가 있습니다.

3. 천사의 얼굴과 같이 은혜가 충만합니다.

15절 "그 얼굴이 천사의 얼굴과 같더라" 곧, 주의 은혜가 충만하면 외적인 현상도 영광스러운 모습이 되어 집니다. 악이 받친

사람은 마귀의 얼굴이 되어 집니다. 그러나 주의 영이 함께 하면 천사의 얼굴처럼 은혜롭습니다. 이는 의의 병기가 된 몸으로 하나님께 드리는 몸의 제사입니다.

스데반의 순교

행 7:54-60

스데반 집사의 원래 직무는 집사의 직무였으나 성령이 충만하여 복음을 전파하게 되었고 이로 인하여 헬라파 유대인들로 인하여 모함을 받습니다. 그들은 사람들을 돈으로 매수하고 더 나아가 거짓 증인들까지 세웁니다. 스데반이 신성 모독죄를 범하였다고 고발합니다. 스데반의 설교를 듣던 그들은 군중들을 선동하여 돌을 던져 스데반을 칩니다. 스데반은 순교합니다.

1. 하늘에 계신 예수님을 봅니다.

55절 "예수께서 하나님 우편에 서신 것을 보고" 스데반이 죽는 순간 하늘에 계신 주님을 보게 됩니다. 마치 주님이 십자가에서 운명하실 때 하늘을 우러러 본 것과 같습니다. 가장 영광스러운 광경입니다. 사도행전 저자 누가는 스데반의 모습을 신령한 영적 모습으로 부각시킵니다. 이는 주님이 기뻐 영접해주고 있다는 신적 권위를 증거해줍니다.

2. 스데반을 돌로 칠 때 사울이 있습니다.

58절 "옷을 벗어 사울이라 하는 청년의 발 앞에 두니라" 사울이 등장합니다. 스데반 순교 현장에서 주도적으로 사울이 동참하고 있습니다. 이는 행 22:20절에서 바울이 친히 인정하는 부분입이다. "주의 증인 스데반이 피를 흘릴 때에 내가 곁에 서서 찬성하고" 라 했습니다. 이로 인해 바울은 후에 상당한 가책을 받으며 평생 죄인 중 괴수라 했으며 자신을 불러 복음의 종 된 것을 하나님의 은혜라고 한 것입니다.

3. 스데반은 마지막 두 가지 기도를 합니다.

① 59절 "주 예수여 내 영혼을 받으시옵소서" 스데반의 첫 번째 기도입니다. 이 기도는 눅 23:43절에 십자가 생에서 7언의 주님의 기도를 연상하게 합니다. 이는 담대하게 죽음을 받아드리고 하나님께 온전하게 의탁하시는 모습은 모든 기독교인들도 갖추어야 할 죽음에 대한 자세를 부각시킵니다.

② 60절 "주여 이 죄를 그들에게 돌리지 마옵소서" 이 스데반의 기도 역시 눅 23:43절의 1언의 십자가상에서 주님의 기도입니다. 이 기도문은 공관 복음에서 누가만 언급합니다. 이는 원수를 사랑하라는 주님의 가르침을 친히 실천하고 증명해 보이심입니다. 여기서 용서의 대상을 지칭한 "그들"은 사형집행자 로마군인들 뿐 아니라 주범인 산헤드린 공회원과 종교 지도자들입니다. 주님은 오히려 긍휼이 여기시고 용서를 위하여 간구해주심 입니다. 스데반 역시 용서의 복음을 기도합니다. 원수를 위해 기도하는 사람과 용서하는 사람은 기독교 진리의 본질입니다. 용서가 없는 신앙은 참 신앙이 아닙니다.

빌립 집사의 표적

행 8:4-13

빌립은 사도 중 한 사람인 빌립(막 3:18)과 같은 이름입니다. 그러나 여기서 빌립은 초대 교회 일곱 집사 중 한 사람입니다. 빌립은 사마리아성에 복음을 전파할 때 귀신들이 떠나고 중풍병자들이 치유되는 기적이 일어납니다. 이로 인하여 성읍은 복음화되어 집니다.

1. 사마리아 성읍에 큰 기쁨이 있습니다.

8절 "그 성에 큰 기쁨이 있더라" 이는 빌립이 사마리아 성읍에서 선교가 매우 성공적이었음을 보여줍니다. 소외된 불구자들의 치유와 악령으로부터 해방, 복음의 기쁜 소식을 수용하는 곳에서 일어난 마땅한 결과입니다.

2. 복음이 능력이 있습니다.

12절 "그들이 믿고 남녀가 다 세례를 받으니" 그 성읍에 마술사 시몬이 있습니다. 이 사람은 일찍 애굽에서 유학을 하여 철학과 마술을 배웠습니다. 그리고 고향 사마리아 갓타에서부터 마술로 사람들을 놀라게 하며 돈을 번 자 입니다. 자칭 큰 자로 자처하며 자신 행하는 표적도 역시 하나님의 능력이라 거짓 선전을 했습니다. 점, 주술, 병고침, 귀신 쫓아내는 마술로 사람을 놀라게 했지만 복음은 능력이 있어 마술에 영향권에 있는 성읍 사람들이 빌립이 전해주는 복음을 통하여 믿고 세례를 받는 운동이 불길 같이 일어났습니다.

3. 시몬도 개종합니다.

13절 "시몬도 믿고 세례를 받은 후" 복음은 한 인간의 생애를 송두리째 변화를 시킵니다. 돈에 눈이 멀고 자칭 큰 자라 교만한 마음을 갖고 자신이 행하는 마술이 하나님의 능력이라 거짓 선전을 하던 마술사 시몬이 과거 자신의 일들을 청산하고 세례를 받습니다. 또한 세례 받은 후 빌립을 따라 다니게 됩니다. 자신이 행했던 표적은 인간의 눈가림하던 마술이었다면 빌립 행하는 표적은 초자연적 신적 능력임을 보고 놀랍니다. 곧, 자신의 능력은 눈가림하는 마술적 능력으로 거짓이지만 빌립의 능력은 돈벌이와는 초월하여 생명을 살리는 하나님의 능력임을 알고 가책을 받습니다. 자신과 비교하면 돈벌이를 위한 거짓 능력이라면 빌립은 생명을 살리는 하나님의 능력입니다.

바울이 다메섹 회심

행 9:1-15

초대교회 스데반 집사가 순교할 시 가표를 던진 청년 사울(바울) 다메섹으로 내려가는 중에 주님의 음성을 들은 사울은 회심합니다. 큰 은혜입니다.

1. 주님이 직접 부르심입니다.

4절 "사울아 사울아 네가 어찌하여 나를 박해하느냐" 바울의 회심은 기독교회사에 획기적 전기가 되어 집니다. 우선 사울은(바울) 기독교인에 대한 체포권을 대제사장에게 부여받고 다메섹으로 가게된 것입니다. 당시 대제사장은 70인으로 구성된 "산혜드린" 의회 의장이므로 막강한 정치력의 권한을 갖고 있습니다. 다메섹은 예루살렘 동북쪽 약 230Km정도의 거리로 위치한 고대 도시로써 삼면이 산악으로 둘러싸인 해발 671m의 고원지대입니다. 당시에 유대인들의 공동체가 있어 중심기구라 하는 회당도 상당수였습니다. 이곳에 사울은 체포령의 권한을 갖고 기독교도들을 탄압하고 결박하기 위하여 가는 중에 "사울아 사울아 네가 어찌하여 나를 박해하느냐" 이 음성 들은 사울은 초자연적 현상에 반사적으로 두려움에 휩싸인 즉각적 반응이 있게 됩니다. "주여! 누구시니이까?" (5절) 주님은 말씀하십니다. "나는 예수라" 이때 사울(바울)은 회심합니다. 예정된 자를 부르시는 주권적 택한 자에 향한 "은혜"의 부르심입니다.

2. 아나니아에게 기도(안수)해 줄 것을 지시합니다.

12절 "자기에게 안수하여 다시 보게 하는 것을" 아나니아는 오랫동안 다메섹에서 태생으로 경건한 사람입니다. 아나니아는 유대인들로부터 칭찬을 받는 자이고 경건하게 기도하는 사람입니다. 누가는 아나니아를 주님의 제라 표현하나 제자의 용어를 누가는 그리스도인에 대하여 넓은 의미로 사용합니다. 아나니아는 기도 중 환상을 보며 주의 음성을 듣습니다. 일어나 직가라 하는 거리로 가서 기도하는 사울이라는 사람에게 안수하여 줄 것입니다. 하나님은 어느 시대에든지 기도하는 사람을 부르시고 사용하십니다. 기독교의 표적은 오로지 기도의 역사입니다. 기도로부터 시작하여 기도로 끝이 납니다.

3. 택한 그릇이라 말씀하십니다.

15절 "택한 나의 그릇이라" 아나니아는 이미 사울(바울)의 악평을 알고 있었습니다. 아나니아는 주의 성도에게 적지 않는 해를 끼친 자라고 답변합니다. 그러나 가서 기도하라고 주께서 말씀합니다. 이 사람은 "택한 나의 그릇"이라면서도 앞으로 주를 위해 많은 해를 받을 것을 예고합니다. 이 택한 그릇으로 부르심은 "전적 은혜"입니다. 이 부르심 속에 앞으로 이방 선교에 획기적 전환기가 되어 집니다. 바울의 선교대상은 다음과 같습니다.

① 이방 선교입니다. 유대인 이외의 모든 나라, 백성을 위한 관심사를 말씀합니다.

② 세속적 권력자들을 위한 선교의 사명을 부여하심입니다. 그만큼 사울에게는 이미 가말리엘 문하생으로 많은 교육 받은 지식인이었습니다.

③ 이스라엘 자손들도 선교의 대상입니다. 자기 민족에게 복음을 전할 사명을 지니고 있습니다. 사울(바울)의 부르심은 하나님의 도구로써 앞으로 사울을 쓰시고자 하는 하나님의 엄청난 계획이 있습니다.

고넬료

행 10:1-8

가이사랴에 고넬료가 소개합니다. 가이사랴는 지중해 연안에 위치한 도시로 예루살렘으로부터 104Km 서북쪽으로 떨어져 있는 곳입니다. 이곳에 로마군대가 주둔하고 있었는데 고넬료는 하급 지휘관으로 100여명 병사를 거느리는 장교입니다. 고넬료는 다음과 같은 사람입니다.

1. 기도하는 사람입니다.

2절 "하나님께 항상 기도하더니" 고넬료는 어떻게 복음을 영접하였는지 알 수 없지만 항상 기도하는 신앙의 사람입니다. 또한 그가 유대인들로부터 칭찬 들었던 점은 유대인들에게 구제를 했던 것 같습니다. 따라서 고넬료가 경건하고 하나님을 경외하는 사람이라 함은 구제와 기도에 열심을 내는 사람으로 본이 된 것입니다. 늘 기도의 규칙된 시간을 정하여 기도할 때 "환상" 중에 주의 천사를 보게 됩니다. "환상"은 인간의 의식이 깨어 있는 상태에서 하늘의 소리나 천사를 만나는 상태임을 정의합니다. 하나님의 사자는 왕의 전령, 선지자, 제사장, 그리고 천사를 지칭할 때 사용되었습니다.

2. 하나님이 기억한 사람입니다.

4절 "네 기도와 구제가 하나님 앞에 상달되어 기억하신 바가 되었으니" "기억하신 바" 표현은 구약적인 표현입니다. 의미는 위로와 격려 뜻을 지니고 고넬료는 하나님의 인정을 받고 있고 이방인 선교에 정당성을 강화한다는 것이 중요한 하나님 나라의 임하심이 이방인들 중에 이루어지고 있음을 암시합니다. 당시 유대인들은 이방인들과 상종하지 않았으며 민족주의 우월심으로 타민족에 대해서는 강한 배타심을 보이며 교제조차 거부했으나 하나님은 이방인 고넬료로 통하여 이방 선교 계획이 이루어지게 합니다.

3. 베드로를 초청합니다.

5절 "베드로라 하는 시몬을 청하라" 하나님의 사자는 욥바에 있는 베드로를 초청한다고 고넬료에게 요청합니다. 이는 이방 선교에 이방인 고넬료로 통하여 하나님의 선교 계획을 공적으로 인정하게 하심입니다. 베드로는 예루살렘 공회 의장으로 막강한 영향력을 널리 행사할 수 있는 당시 지도자였습니다. 물론 베드로도 환상을 통하여 큰 보자기를 보게 되고 그 안에 네발 가진 짐승과 가는 것과 공중에 나는 것이 있는 것을 보았습니다. 그리고 그 안에 있는 것을 "잡아먹으라" 소리를 들었으나 베드로는 부정한 것을 먹지 않겠다 했으나 하나님이 깨끗이 한 것을 부정한 것이라 하지 말라 3번 환상을 본 것입니다. 이는 이방 선교에 대한 하나님의 선교 계획을 알게 하시는 것과 이를 위하여 고넬료를 통한 이방 선교의 공적 인정을 행하도록 베드로에게 보여주신 환상이었던 것입니다. 결국, 베드로는 고넬료를 만나고 나서 하나님의 선교 계획이 경건한 사람을 통하여 이루어지게 되는 하나님의 섭리를 선언하게 됩니다. "각 나라 중 하나님을 경외하며 의를 행하는 사람은 다 받으시는 줄 깨달았도다"(35절)

바나바

행 11:19-26

초대 교회 역사는 순교로 시작된 역사입니다. 그러나 스데반 순교와 성도들의 박해로 한 곳에 모일 수 없어 사방으로 흩어졌지만 안디옥 중심으로 각처에 믿고 주께로 돌아온 자들이 많아졌습니다. 이로 인해서 예루살렘 교회는 바나바를 안디옥에 파송하여 교회와 성도들을 처리하도록 합니다. 바나바는 다음과 같은 사람입니다.

1. 신앙과 인격이 칭찬 받는 사람입니다.

24절 "바나바는 착한 사람이요" 무엇보다도 바나바의 사람 "됨" 인격이 좋은 사람, 착한 사람입니다. 그로 인해서 교회가 더 부흥합니다. 선한 성품은 교회 부흥의 비결이 될 수 있습니다. 만약, 신앙은 좋은데 사람은 못되었다는 평판은 교회 부흥에는 걸

림돌이 되는 요인이 될 수 있습니다. 예루살렘 교회는 사마리아 지방 교회로는 베드로 사도를 파송했고 안디옥 지방 교회 등에는 바나바를 파송한 것입니다. 바나바는 자기 소유를 팔아 교회에 받쳤으며(4:37) 교회 내에서도 칭찬과 인정받았습니다.

2. 관용적인 사람입니다.

25절 "바나바가 사울을 찾으러 다소에 가서" 바나바는 바울을 예루살렘에 있는 사도들에게 소개했던 장본인으로 안디옥 교회가 확장되자 바울을 다소에서 안디옥 교회로 데리고 와서 가르치게 했습니다. 또한 바울의 1차 선교여행에서 바울을 돕기도 하며 왕성한 활동을 하여 바울을 능가하는 능력을 인정받기도 했습니다. 그러나 바울에게 기독교 초대사에 상당한 영향력을 행사하도록 함에는 틀림없습니다.

3. 안디옥 교회에 복음의 터를 닦게 했습니다.

26절 "비로소 그리스도인이라 일컬음을 받게 되었더라" 바나바는 다소에 있던 바울을 안디옥에 데리고 와서 교회에서 일 년간 무리를 함께 가르쳤고 교회에 복음의 터를 닦게 했습니다. 이로 인해 그리스도인이라 칭호가 최초에 생기게 된 것입니다. 안디옥 교회 제자란 누가의 다양한 표현 중 하나이며 모든 믿는 자들을 향한 지칭입니다. 당시 안디옥의 인구 50만명 중 약 1/7 정도가 유대인이었으며 상당수 안디옥 교회 구성원이 유대인이었습니다. 또 안디옥 교회는 진정한 주님의 사람들로 변화되었고 제자화의 정착이 놀랍게 이루어집니다. 이로 인해 안디옥 교회 성도들을 최초의 그리스도인으로 불리게 되는 역사적 칭호가 되었습니다. 그리스도인의 명칭은 신약에 3번 기록되었고 곧, 행 26:28, 벧전 4:16 입니다. 그리스도인은 주님을 믿는 사람들에게 붙여진 영예로운 칭호였습니다. 안디옥 교회의 은혜로운 모습입니다.

옥에서 기적

행 12:1-10

헤롯왕 때 교회 핍박과 야고보가 순교합니다. 헤롯은 아그립바 1세로(AD 37-44) 유대와 사마리아의 통치권을 로마로부터 받아 기독교회를 박해한 것은 친 유대인 환심을 얻기 위한 것입니다. 이때 여러 사람이 순교를 당할 때에 야고보도 죽음을 당하였습니다. 야고보는 예수님과 동행하던 제자이며 요한이 형제입니다. 여기서 야고보는 알패오의 아들 야고보, 예수의 동생 야고보와는 다릅니다. 이 박해 속에 베드로도 체포되어 옥에 갇힙니다. 그러나 옥중에서 기적을 일어나게 하십니다.

1. 교회가 기도합니다.

5절 "베드로는 옥에 갇혔고 교회는 그를 위하여 간절히 기도하더라" 기독교의 기적은 기도의 역사입니다. 헤롯은 베드로를 옥에 가두고 유월절 후에 유대인들에게 끌어내 공개 즉결 처분을 하려고 합니다. 이에 군사들 넷씩 네 패에게 맡겨 지키게 합니다. 베드로는 예루살렘 공회의장이며 초대 교회에 있어 영향력은 절대적입니다. 이러한 큰 위험과 위기 속에 교회는 기도합니다. "간절히" 간구합니다. 즉, 교회의 기도는 단순한 기도로 끝나는 게 아니라 베드로를 구출하는 하나님의 능력이 나타나는 것을 보여줍니다. 따라서 교회의 한마음으로 단결하여 기도함은 영적인 큰 힘이며 하나님의 기적적 응답이 나타납니다.

2. 주의 사자가 도웁니다.

7절 "홀연히 주의 사자가 나타나" 천사가 옥에 갇힌 베드로를 깨웁니다. 또한 쇠사슬을 그 손에서 벗겨줍니다. 꿈인지 생시인지 모르게 베드로는 천사를 따라 옥에서 나오게 됩니다. 거리에 나와서야 정신 차려 주께서 천사를 보내셔 벗어나게 하신 것을 알게 된 것입니다. 이는 성도들의 기도에 하나님의 응답입니다. 하나님이 베드로 구출에 그의 천사를 보내시어 직접 개입하신 것을 의미합니다. 베드로를 옥에서 벗어나 나오게 하신 구원을 체험합니다. 기도의 능력은 하나님의 직접적 개입하시게 하며 기적을 주시는 비결입니다. 주님도 마 7:7에 "구하라 주실 것이요 찾으라 찾을 낼 것이요 문을 두드리라 열릴 것이라" 했습니다.

3. 성도들도 계속 기도합니다.

12절 "여러 사람이 거기에 모여 기도하고 있더라" 성도들은 마리아집에 모여 계속하여 기도합니다. 베드로가 체포된 직전부터 베드로가 옥중에 나오는 때까지 기도하고 있습니다. 마음을 모아 합심기도는 응답의 큰 위력을 가져옵니다. 루터는 장작 한 개비로 불을 피우는 것은 어렵지만 여러 장작이 무더기로 모아 불을 지피우면 그 불은 큰 위력 있게 불타게 된다고 합심기도의 중요성을 언급해 줍니다. 여하간 기도는 기적을 가져옵니다. 더욱이 합심기도는 위력적 기도입니다. 주님은 마 18:20 "두세 사람이 내 이름으로 모인 곳에는 나도 그들 중에 있느니라"

1차전도 여행

행 13:2-14:28

바보에서

행 13:1-11

사도행전 1장부터 12장 까지는 초대교회 탄생과 사도의 활동과 더욱이 베드로의 사역이 중심입니다. 그러나 13장 이후는 바울의 전도여행의 여정이 시작됩니다. 바울은 예루살렘 공회로부터 바나바와 함께 파송을 받고 도착한 선교지는 "바보"입니다. 바보에서 일어난 일은 다음과 같습니다.

1. 거짓 선지자 바예수를 만납니다.

6절 "거짓 선지자인 마술사를 만나니" 곧, 바예수라는 사람입니다. 이곳 바보는 베니게에서 서북쪽으로 110km 떨어진 곳 로마령 도시입니다. 이 사람은 총독 관저에서 일하는 유대인으로 그의 신분은 "박수"였습니다. 곧, 주술로 돈을 벌고 자신을 마치 하늘에 계시자로 행사하며 여러 사람들을 미혹하게 하는 그 지역

에 영향력을 과시 하는 자였으며 총독의 비호 속에 활동을 한 거
짓 선지자 바예수입니다.

2. 총독을 믿지 못하게 합니다.

8절 "총독으로 믿지 못하게 힘쓰니" 바예수는 복음 전파를 훼
방합니다. 총독 서기오 바울은 바울의 복음을 듣고자 하나 바예
수는 중간에서 훼방하며 믿지 못하게 합니다. 바예수의 아랍식
이름은 엘루마이며 요술쟁이, 마법사 뜻입니다. 총독은 바나바
와 바울의 복음에 깊은 관심을 갖고 놀라워합니다. 그러나 바예
수는 자신의 이익과 총독으로부터 보호 받는 것이 위태롭게 될
것을 생각하여 믿지 못하게 방해하는 것입니다. 곧, 마귀의 역사
이며 바예수는 자신이 사기꾼이라는 것이 탄로 날 것을 두려워
합니다. 그러나 바울은 바예수를 향하여 그 정체를 드러냅니다.
"마귀의 자식이요" 이와 같은 저주는 주님이 바라새인들을 향한
형식입니다. 바예수를 향하여서도 마귀의 도구된 것을 바울은 폭
로하면서 오직 복음만이 구원됨을 선언합니다.

3. 바예수는 맹인이 됩니다.

11절 "인도할 사람을 구하는지라" 바울이 바예수를 꾸짖습니

다. 이 때 바예수는 눈이 어두워져 앞을 볼 수 없게 됩니다. 이 광경을 보는 총독은 충격을 받습니다. 곧, 바예수가 거짓 선지자인 것이 들통 나는 모습 때문입니다. 반면, 복음의 능력만이 인생에 구원이며 생명이라는 것을 믿게 됩니다. 복음의 능력만이 귀신을 떠나게 할 수 있습니다.

비시디아 안디옥

행 13:14-23

바울과 바나바는 "바보"에서 성령 충만하여 복음화를 이루고 비시디아 안디옥으로 다음 선교 여행지를 옮깁니다. 이곳은 안디옥 교회가 있는 수리아 안디옥과 구별되는 곳으로 오늘날 터키 중남부 지역 얄마크 근처 지역으로 해발 약 100m에 달하는 고원지대입니다. 후에 바울은 3차 전도 여행에서도 이곳에 방문합니다(행 18:23). 당시 상당수 유대인이 거주하고 있었고 바울 일행은 안식일에 회당예배에 참여하게 됩니다.

비시디아 안디옥에서의 사도들의 사역을 살펴봅시다.

1. 회당장이 설교할 기회를 줍니다.

15절 "형제들아 만일 백성을 권할 말이 있거든 말하라" 바울과 바나바 일행은 구브로에서 이곳까지 와서 제일 먼저 찾은 것은 유대인 회당이며 이는 동족에 대한 친밀함과 그리고 이를 통해 이방 선교에 전초기지로 삼고자 합니다. 당시 회당예배순서는 쉐마기도, 율법서와 예언서 낭독 그리고 설교나 권면의 말씀, 축도의 순서로 거행되었습니다. 당시 회당장은 예배의 집례를 주관했습니다. 의외로 회당장이 바울에게 설교를 부탁한 것은 바울의 명성을 들었던 것 같습니다. 그래서 사람을 보내어 설교할 수 있는지 가능성을 타진했고 바울에 일행에 대하여 관심을 갖고 있음을 알 수 있습니다. 여하튼 설교할 수 있는 기회는 상당한 호의를 베푼 것입니다. 오늘도 아무에게나 강단권을 허락할 수 없는 것이며 강단 허락은 신뢰와 친밀한 호의로 가능합니다.

2. 바울은 구속사를 증거합니다.

16절 "어스라엘 사람들과 및 하나님을 경외하는 사람들아 들으라" 구속사의 주제는 "예수" 입니다. 바울은 지난 구약의 역사 중 하나님의 구속 계획을 증거합니다. 먼저, 450년 동안 행하여 주신 하나님의 권능을 설교합니다. 즉, 애굽에서 400년 지내게 하시다가 출애굽하게금 하신 것과 40년 광야길을 인도해 주심과 가나안 땅 정복사 10년 동안 입니다. 또한, 사사시대와 사무엘 선지와 사역을 마치기까지 400년 기간과 왕국시대 사울의 40년과 그 후 다윗 왕국시대를 통한 하나님의 예정된 구속사의 오묘

한 구속사 성취를 설교합니다. 더욱이 바울은 다윗을 택하시고 내 마음에 맞는 사람이라 "내 뜻을 다 이루리라"고 하심은 그 뿌리로 통해서 예수 그리스도의 구속사 계보를 제시합니다. 이는 결국 다윗의 선택이 이스라엘 늘 구원하기 위해 하나님의 구속사를 예수 그리스도에게 초점을 맞추고 있습니다. 그 후, 바울은 요한의 사역을 소개합니다. 세례 요한은 여인이 나은 자 중에 제일 큰 자라고 주님은 말씀합니다. 그것은 세례 요한이 주님의 길을 예비한 자요 자신은 그리스도가 아니라고 밝혔습니다. 그는 주님의 발에 신발 끈을 풀기도 못한다고 겸손하였으며 결국은 헤로디아를 통하여 순교를 한 광야의 소리였습니다. 바울의 비시디아 안디옥 지역에서 설교입니다.

루스드라에서

행 14:8-15

바울과 바나바는 여러 지역을 지나서 루스드라에 오게 됩니다. 루스드라는 루가오니아의 중남부 지방에 위치한 섬으로 이고니온 성에 94km 남쪽에 위치하고 있으며 소수의 로마군이 머무는 전원도시입니다. 그곳 주민들은 농사와 목축을 하는 농민들이 살고 있었지만 회당은 그곳에 없었던 것으로 추정합니다. 이곳에 디모데 어머니 유니게가 살았고(행 16:1) 바울의 일행이 도움을 받았던 곳입니다.

루스드라에서 일어난 일을 살펴봅시다.

1. 앉은뱅이를 만나게 됩니다.

8절 "나면서 걷지 못하게 되어" 불쌍한 사람입니다. 이 사람의 질병은 이미 치료되기가 불가능한 절망상태입니다. 발은 있어도 쓰지 못하는 무기력한 상태로 태어나면서 이미 힘을 쓰지 못하는 질병입니다. 이는 범죄한 우리 인생의 모습입니다. 눈이 있어도 하나님을 볼 수 없고 귀가 있어도 말씀을 듣지 못하고 입이 있어도 찬송, 기도 못하는 죄로 인한 영적 불구자들이 죄 아래 있는 불쌍한 인생을 뜻합니다.

2. 구원받을 믿음이 있습니다.

9절 "바울이 말하는 것을 듣거늘" 감동적인 말씀입니다. 앉은뱅이는 비록 몸은 불구이나 주의 말씀을 듣기를 사모하는 영적으로 밝은 사람입니다. 큰 은혜입니다. 곧, 구원 받을 만한 믿음이었습니다. 여기서 병고침의 기적은 믿음입니다. 이는 병고침은 환자의 믿음입니다. 무엇보다도 사도의 설교에 귀를 기우리고 마음 문을 열고 있다는 사실입니다. 택한 자에 성령의 교통이 심이며 은혜입니다.

3. 경배하지 못하게 합니다.

15절 "여러분이여 어찌하여 이러한 일을 하느냐" 그곳 사람들은 앉은뱅이가 일어남을 보고 신들이 사람을 형상으로 우리 가운데 내려 오셨다 소리 지릅니다. 바울은 말하는 사람이여서 "헤르메스"라 하고 바나바는 "제우스"라 칭호를 붙여 함성을 냅니다. 이 때 바울과 바나바는 옷을 찢으며 무리들을 말립니다. 우리도 당신들과 같은 사람이라 하여 겨우 제사를 드리지 못하게 합니다. 루스드라 주민의 단순한 종교심입니다. 참 구원의 길을 알지 못하는 눈 먼 영적 상태입니다. 루스드라 주민인 이들은 헤르메스와 제우스를 믿고 있습니다. 먼저 제우스는 모든 신들의 우두머리이며 헤르메스는 제우스의 대변인으로 언어를 지배하는 신으로 숭배합니다. 그러나 바울과 바나바는 이 헛된 일을 버리고 천지와 바다, 만물을 지으신 하나님께로 돌아오라고 복음을 전파합니다. 이는 복음의 위대성입니다.

예루살렘 공회

행 15:1-5

　　바울과 바나바의 1차 전도여행을 마치고 예루살렘 교회로 돌아갈 때 큰 환영을 받게 됩니다. 이는 예루살렘 공회에서는 1차 선교여행 결과에 대해 호의적으로 평가하였음을 암시합니다. 이때에 바나바와 바울은 자신들의 선교보고에 업적을 하나님이 함께 하신 일이며 이방인의 선교가 하나님의 뜻에 따른 것임을 인식시키고 있습니다. 반대론자들의 반론이 있습니다.

1. 유대파 기독교인들입니다.

　　1절 "너희가 모세의 법대로 할례를 받지 아니하면 능히 구원을 받지 못하리라" 이 사람들은 기독교인들로 율법주의 유대파에 속한 부류의 인물들로 추정됩니다. 이들은 기독교인이지만 유대교의 전통을 고수하려는 사람들로서 사람이 구원을 얻는 데에 있어 "할례"를 필수적 조건으로 주장합니다. 할례의식은 무엇입니까? 구약의 선민의 택한 표입니다. 곧, 유대인은 남아가 출생하였을 때 8일 만에 생식기 표피를 베어 성결케하는 예식이었습니다. 이 예식으로 선민의 택한 백성, 거룩한 나라, 구원받은 자녀로 구별된 것입니다.

2. 할례의 문제?

2절 "다툼과 변론이 일어난지라" 분쟁의 당사자들은 바나바, 바울과 유대파 기독교인들입니다. 매우 격렬한 다툼입니다. 유대파 기독교인들은 복음을 믿지 않는 것입니다. 계속하여 율법을 지켜 할례를 동시에 해야 할 것을 주장합니다. 그러면 바울과 바나바에 의해 생겨난 이방 기독교회의 뿌리를 흔드는 것입니다. 따라서 이 문제는 바울의 사도권과 예루살렘교회의 선교 방침에 대한 도전적 문제라고 할 수 있는 것입니다.

3. 예루살렘 교회 보고

4절 "하나님이 자기들과 함께 계셔 행하신 모든 일을 말하매" 예루살렘의 교회와 지도자들은 바울과 바나바를 환영합니다. 선교 보고에 대하여 호의적으로 평가하고 있음을 보게 됩니다. 이

는 자신들의 업적을 하나님이 함께 하신 결과이며 이방인 선교가
하나님 뜻이었음을 보고하는 것입니다.

2차전도 여행

행 16:1-18:22

빌립보에서

행 16:11-15

바울은 2차 전도여행을 시작합니다. 1차 전도여행 말기에 바나바와 심하게 다투고 헤어집니다. 바나바는 마가를 데리고 구브로로 가고 바울은 실라를 택하여 2차 전도 여행을 하게 됩니다. 바나바는 이후로 선교 행적에서 기록되지 못합니다. 바울은 아시아에서 선교 행선을 계획했지만 성령께서 마게도냐로 이끌어 유럽 첫 성인 빌립보에 도착합니다. 여기서 2차 전도여행 동역자 실라는 바울의 요청으로 동반하였고 디모데는 나이가 연소한 21세쯤 되었으나 바울은 디모데 역시 조력자로 삼고 싶어 합니다. 이때부터 디모데는 바울의 평생 동반자가 되어 집니다. 디모데 이름은 바울서신 고린도후서, 골로새서, 데살로니가전, 후서의 서두에서 늘 등장합니다.

빌립보에서의 바울의 사역은 다음과 같습니다.

1. 기도하는 여인들을 만나게 됩니다.

13절 "안식일에 우리가 기도할 곳이 있을까 하여" 이곳에서 기도하는 여인들을 만납니다. 이 여인들은 정기적으로 모여 기도하는 장소로 주로 강변, 바다 근처가 선택한 것으로 알려졌고 이들은 10명 이하의 소수의 기도 모임입니다. 바울은 이 적은 기도처에 함께 하기를 바랐으며 그곳에서 말씀도 전하게 됩니다. 오늘날도 성도가 늘 힘써야 함에 우선은 기도이며 기도 모임에 함께 하는 일입니다. 기도만이 하나님 뜻을 이룰 수 있는 계기가 되고 복음이 전파되어 그 지역에 교회가 세워지게 되니 기도의 역사인 것입니다.

2. 루디아가 말씀에 마음 문을 열고 듣습니다.

14절 "한 여자가… 주께서 그 마음을 열어" 말씀의 증거는 반드시 열매를 맺습니다. 빌립보 교회의 설립은 루디아로 통해서 이루어지게 됩니다. 성령이 하신 유럽의 첫 관문 빌립보 지역에 세워진 교회입니다. 성령이 하시는 기도의 능력, 말씀의 능력의 열매입니다. 루디아는 빌립보 교회에 역사적인 기둥으로 기념되었습니다.

3. 루디아는 사도들을 집으로 초청합니다.

15절 "내 집에 들어와 유하라 하고 강권하여 머물게 하니라" 그리스도인들의 환대는 초대교회에서 보여준 뛰어난 덕목 중 하나였습니다. 루디아는 사도들을 위한 헌신적 모범을 잘 보여줍니다. 이러한 인물을 중심으로 한 빌립보 교회는 나중에 바울이 로마 감옥에 있을 때 에바브로디도를 통해서 헌금을 보내주어 힘을 돋우어 줌을 바울은 감사했습니다. (빌 4:18) "에바브로디도 편에 너희가 준 것을 받으므로 내가 풍족하니" 마게도냐 복음 전파 시초부터 현재까지 고마움을 전하는 것입니다.

빌립보 감옥에서

행 16:19-31

바울과 일행은 기도하는 곳을 가다가 귀신들린 여종을 만납니다. 어린 여종은 점으로 주인에게 물질적 이익을 주고 있습니다. 바울은 이 여종에게서 귀신을 쫓아 내어주니(18절) 더 이상 점을 칠 수 없어 주인에 고발당하여 옥에 갇힙니다. 그러나 옥에서 바울 일행은 하나님을 찬양합니다.

1. 기도와 찬송을 합니다.

25절 "바울과 실라가 기도하고 하나님을 찬송하매 죄수들이 듣더라" 참 어려운 영적 능력입니다. 두 사도는 매도 많이 맞았습니다. 그러나 성령이 함께 하시어 기도, 찬송합니다. 성령이 도와주시지 아니하면 불가능한 육적일 입니다. 더욱이 다른 죄수도 듣습니다. 이는 성령이 용기이며 믿음의 담대함입니다. 인간적

으로 생각하면 두려움과 주눅이 들 수밖에 없지만 또한 남의 눈
치만 볼 수밖에 없는 최악의 환경 속에서라도 소리 내어 기도하
고 찬송합니다. 이때 기적이 나타납니다.

2. 옥중에서 표적이 나타납니다.

26절 "갑자기 큰 지진이 나서 옥터가 움직이고 문이 곧 다 열
리며" 이는 사람이 할 수 없는 일을 하나님은 가능하도록 구원
의 손을 펴십니다. 크고 작은 일도 사람의 뜻대로 할 수 없는 상
황이 될 때가 수 없이 많습니다. 인생의 궁극적인 걸음은 하나님
이 섬세히 돌보아 주심입니다. 이 표적으로 간수가 놀라서 죄수
들이 다 도망한 것으로 보아서 자결하려고 합니다. 그것은 죄수
들이 도망함으로 형벌만을 수밖에 되었기 때문입니다. 이때 사
도들은 소리를 질러 자결하지 말라 합니다. (28절) 생명을 구하
는 감동적인 장면입니다.

3. 간수의 식구들이 구원을 받습니다.

31절 "주 예수를 믿으라 그리하면 너와 네 집이 구원을 받으리
라" 간수는 사도들에게 인생 구원을 얻는 길에 대해서 질문합니
다. 이때 사도들의 답변은 "주 예수를 믿는 것"이라 복음을 전합

니다. 간수의 온 식구들은 주님을 영접하면서 세례를 받습니다. 가정이 복음화 되는 큰 은혜입니다. 간수는 자기 집에서 사도들을 초청하여 음식을 대접합니다. 이 일 후 바울과 실라는 옥중으로 다시 갔습니다. 그 다음 날 상관은 두 사도를 석방합니다. 바울은 로마사람인 우리를 죄도 정죄하지 않고 때리고 옥에 가두었는가를 항의하니 상관은 두려움으로 빨리 나아가기를 촉구합니다. 이 가족은 루디아와 귀신 들렸던 여종과 함께 빌립보 교회 개척 멤버가 됩니다.

데살로니가에서

행 17:1-9

데살로니가는 마게도냐 수도입니다. 이곳은 내륙의 풍요로운 농경지를 동쪽에 있는 육로와 해로를 연결 시켜주는 요충지가 됩니다. 또한 인구가 약 20만의 마게도냐의 심장부이며 자연히 많은 사람들이 붐볐으며 정치와 경제가 원활했습니다. 이곳에서의 사도의 사역을 살펴봅시다.

1. 복음을 증거합니다.

3절 "뜻을 풀어 그리스도가 해를 받고" 바울은 복음을 증거합니다. 주제는 예수그리스도이시며 복음의 내용은 그리스도의 고난 받은 후 죽으시고 삼일만 죽은 자 가운데서 다시 살아나신 것에 대한 증거입니다. 곧, 오늘 모든 성도들이 신앙고백을 하는 것과 동일합니다. 복음은 진수이며 핵심 진리입니다. 이는 모든 기독교인들의 믿어야 할 기본적인 교리를 간결하게 요약한 신앙고백, 일명 "사도신조" 입니다. 이 신앙고백은 여러 차례 종교 교회 회의를 통하여 기독교 신앙으로 확립되었습니다. 325년 니케아 종교회의, 381년 콘스탄티노플 회의, 431년 에배소 회의, 451년 칼케돈 회의를 걸치면서 고백된 것이 오늘날까지 계승되어 온 것입니다. 이는 오래 전 바울의 신앙이며 사상을 역사적으로 보존되고 고백되어 온 것입니다.

2. 많은 지식인들이 복음을 영접합니다.

4절 "헬라인의 큰 무리와 적지 않는 귀부인도" 복음 전파에는 성령이 늘 역사합니다. 사람이 믿으라 해서 믿는 것이 아니라 성령께서 각 사람의 마음 문을 여시고 구원의 믿음을 주시는 것입니다. 성령이 하시지 않으면 결코 믿을 수 없는 도가 십자가의 도입니다. 더욱이 데살로니가 지역에는 헬라 철학을 수학한 지식이들이 바울의 설교를 추종하게 되었고 귀부인들도 십자가의 도를 따르게 된 것은 모든 것 성령이 하신 것이며 사도들은 성령 충만하여 복음을 증거한 것뿐입니다.

3. 야손이 사도들을 지켜줍니다.

5절 "야손의 집에 침입하여" 유대인들은 데살로니가 지역에 복음의 부흥이 일어남을 보고 불량배들을 동원하여 떼를 지어 사도들을 찾으러 다닙니다. 불량배들은 야손의 집을 침입합니다. 야손은 이방인 출신 그리스도인으로써 루디아가 바울의 일행을 자기 집에 청하여 유숙하게 한처럼 야손도 바울의 일행을 자신의 집에 유숙하게 했습니다. 그래서 불량배들이 야손에 집에 침입하여 바울 일행을 찾았으나 발견하지 못하고 애꿎게 야손과 형제들을 붙잡아 내어 바울의 일행 대신 읍장에게 고소합니다. 읍장은 로마 영토내의 자치 도시를 책임지는 행정 장관을 가리킵니다. 데살로니가 도시는 로마 식민지 영토가 아닌 자유도시로써 다섯명의 읍장들로 하여금 이 도시를 분할하여 다스리게 했습니다. 그러나 다행히 읍장은 야손과 여러 사람에게 보석금을 받고 석방합니다. 여기서 사도들에게 호의와 친절을 베푼 야손과 그의 형제들은 하나님께서 지켜주심입니다.

고린도에서

18:1-11

바울의 일행은 고린도에 도착합니다. 고린도는 중부 그리스와 남쪽으로 펠로폰네소스를 연결하는 고원 위에 위치한 도시입니다. 동서쪽으로는 항구가 있어 전략적 요충지입니다. 고린도는 BC 44년 로마 식민지였고 주민들은 헬라인, 퇴역 로마 군인들, 상인, 정부 관리 등 여러 부류의 사람들이였습니다. 경제적으로는 사람들은 사치스럽고 윤택한 생활을 하였으므로 도덕적 타락의 원인이 되었습니다. 성적으로 문란한 도시였고 아울러 많은 이방 신전들이 있고 우상 숭배가 성행했습니다. 바울은 이곳에서 무엇을 했습니까?

1. 아굴라와 브리스길라를 만납니다.

2절 "아굴라라 하는 유대인과 … 그 아내 브리스길라와 함께 새로 온지라" 아굴라는 유대인 노예출신이며 후에 로마에서 자유인이 된 자이며 브리스길라는 로마 시민권 가진 여인인 입니다. 이들은 천막 제조업과 가죽 수공 기술자들로 가게가 로마, 고린도, 에베소에도 있었습니다. 이들은 진정 바울에게 헌신적인 도움을 주었고 바울과 함께 복음사역에도 헌신했습니다. 바울은 2차 전도 여행 말엽에 이들과 같이 천막 제조업으로 생계를 유지하며 자비량 선교를 한 것으로 소중히 바울은 기억합니다. 바울의 선교 사역에 이들 두 부부는 잊을 수 없는 고마운 동역자들이었습니다. 바울은 크고 번창한 도시에서 아무도 아는 사람이 없어 전도사역에 생계 문제도 조속히 해결해야만 했습니다. 하나님께서 두 부부를 만나도록 길을 열어주셨습니다. 아굴라와 브리스길라도 뜻하지 않게 바울의 일행을 만난 것입니다. 글라우디오 로마 제국 4대 황제가 로마에서 유대인들을 추방 명령을 내려 고린도로 쫓겨 온 것입니다. 그러나 바울에게는 고마운 동역자들 인 것을 볼 때 하나님의 인도하심이 있음을 알 수 있습니다.

2. 디도 유스도를 만납니다.

7절 "거기서 옮겨 하나님을 경외하는 디도 유스도라 하는 사람의 집에 들어가니" 디도는 로마사람입니다. 학자들은 디도가 AD 44 로마 황제 가이사가 고린도를 재건축할 때 이곳에 정착한 로마인이었을 것으로 추측합니다. 디도는 바울의 일행을 환대합니다. 자신의 집 머물게 하며 고린도 전도 사역에 전초지가 되었으며 고린도 교회에 최초 집회 장소가 되었습니다. 이는 마치 루디아 집에서 빌립보 교회가 시작되듯이 바울의 2차 전도 여행의 사역에 이바지한 고마운 사람이었습니다. 어느 시대든지 주님을 구주로 영접한 성도들은 그들의 헌신으로 인하여 주의 복음이 전파되며 하나님의 교회가 세워짐을 동일합니다.

3. 회당장 그리스보를 만납니다.

8절 "또 회당장 그리스보가 온 집안과 더불어 주를 믿으며 수많은 고린도 사람도 듣고 믿어" 디도의 집 옆에 회당입니다. 회당은 바벨론 포로 생활을 할 때 세워진 예배 처소입니다. 고린도 이 지역에 회당이 있었고 회당장 그리스보 역시 주님을 믿는 자가 된 것은 고린도 유대인들에게는 큰 파문을 일으키게 됩니다. 그리스보가 회심한 것은 선교에 활력소가 되었고 대부분 고린도 지역에 유대인을 제외한 헬라인들과 로마인들이 믿게 되는 부흥이 일어나게 된 것입니다. 하나님은 바울이 어디로 가든지 좋은 사람을 예비하여 주시고 복음 사역에 터를 닦게 하시고 부흥하게 하십니다. 바울은 고린도 지역에서 1년 반을 머물며 고린도 교회를 든든히 서가게 했습니다. (11절) 고린도에서 2차 전도 여행에 큰 증거는 복음 전파와 교회가 세워짐은 주님이 좋은 사람들을 예비하여 주심입니다. 이들은 공통점은 성령 감화 받아 주를 위하여 헌신하는 믿음의 사람들이었습니다. 큰 은혜입니다.

3차전도 여행

행 19:23- 21:16

에베소에서

행 19:8-20

바울의 3차 전도 여행이 시작됩니다. 바울은 에배소에서 약 3년간 머물면서 복음을 전하며 에배소 교회를 설립합니다. 바울은 다른 어떤 지역보다도 오래 머물면서 교회와 성도들을 든든히 세워 나갑니다. 곧, 제자화 사역입니다.

1. 제자 사역의 중심은 두란노 서원입니다.

9절 "두란노 서원에서 날마다 강론하니라" 에배소는 아시아 해안에 있는 도시로써 항구도시입니다. 교통과 무역의 중심지로써 물질적으로는 풍부했으나 아데미 여신을 열심히 섬기는 우상의 도시입니다. 아데미 여신의 신전은 7대 불가사의 중 하나입니다. 이러한 어려운 여건 중에서 바울은 제자화 사역을 통하여 제자들을 세우고 두란노 서원에서 설교 했습니다. 바울은 이곳에서 2년 동안 계속되었고 그러한 노력은 예배소에서 큰 결실을 이루어 많은 교회가 생겨나게 되었습니다. 두란노 서원은 오늘날 신학교와 같은 기능을 잘 발휘한 것입니다.

2. 동시에 신유 능력이 나타났습니다.

12절 "사람들이 바울의 몸에서 손수건이나 앞치마를 가져다가 병든 사람에게 얹으면 그 병이 떠나고 악귀도 나가더라" 바울은 미신과 우상의 본거지에서 사역을 하였고 무당들 가운데 말씀을 선포했습니다. 하나님께서는 바울로 통하여 신비한 능력을 행하셨음은 생명이 없는 죽은 신들과 다르다는 것을 보여줍니다. 하나님만이 유일하신 분이시며 참 생명과 능력을 주시는 온전한 구원이심을 나타냅니다. 그러므로 손수건이나 앞치마에 능력이 있는 것이 아니라 하나님의 능력과 그 능력을 받아 드린 믿음을 통해서 기적이 일어나는 것입니다. 기적을 일으키는 사용된 손수건은 유대인들이 땀을 닦기 위해 머리에 두르고 있던 헝겊 조각에 불구합니다.

3. 회심하는 운동이 일어납니다.

18절 "믿는 사람들이 많이 와서 자복하여" 복음의 능력은 병든

자를 일으키고 악령을 내어 쫓아 내었습니다. 이 때 유대 제사장 스게의 일곱 아들들이 시험 삼아 귀신을 꾸짖어 쫓아내려하니 악귀가 예수도 내가 알고 바울도 내가 아는데 너희는 누구냐 호통치며 그들은 두들겨 패니 벗은 몸으로 도망하니 그 광경을 본 헬라인들과 유대인들 놀라 회심의 운동이 일어납니다. 더욱이 마술하던 사람들도 책을 불사르고 과거를 청산하는 복음의 능력이 크게 나타나게 된 것입니다. 바울과 일행들은 에배소에서 약 3년 이상을 사역합니다.

밀레도에서

행 20:31-38

　　바울의 일행이 밀레노에 도착했을 때 바울은 에배 교회 장로들을 밀레도로 초청합니다. 밀레노는 에배소와 50km 떨어진 곳입니다. 그리고 그곳에서 바울은 에배소 교회 장로들에게 고별 설교를 하는 것입니다. 그만큼 에배소 교회와 성도들에 대한 관심과 사랑이 어느 정도인지를 보여주는 장면입니다. 몇 명의 장로들인지 모르지만 그들은 바울의 초청으로 밀레도에 내려와 바울의 고별 설교를 청취합니다. 바울의 설교를 살펴봅시다.

1. 지난 날 눈물로 사역하였다합니다.

　　31절 "내가 삼 년이나 밤낮 쉬지 않고 눈물로" 사실 바울은 에배소에서 사역이 매우 힘이 들었습니다. 무엇보다도 거짓 교리로 교회 내를 불신을 일으켜 파괴하려는 흉악한 이리가 앞으로도 더 침투할 것이 예견되기 때문입니다. 그러나 주님의 피값으로 세운 교회가 변함없이 바른 진리에서 흔들리지 않도록 감독할 것을 부탁합니다. 3년 동안 눈물로 세운 목회한 주님의 교회가 에배소 교회였습니다. 자신 예배 교회 떠나지만 남아있는 장로들이 교회와 성도들을 잘 지켜 거짓 교사들의 흉악한 음모에 빠지지 말기를 부탁합니다.

2. 지난 날 사역에서 물질에 얽매이지 않았다는 것입니다.

33절 "내가 아무의 은이나 금이나 의복을 탐하지 아니하였고" 실로 거짓 선지자, 거짓 교사들은 개리에 밝습니다. 그러나 바울은 물질에 얽매이지 아니했다고 합니다. 이는 자랑으로서가 아니라 교회 지도자들이 경계해야 할 위로의 말입니다. 고대 사회는 의복이 재산이었습니다. 바울 사도는 어떤 사람의 물건을 부러워하지도 않았으며 늘 물질이 부족한 가운데서도 모자라지 아니하게 사용할 수 있는 자족한 것입니다. 오히려 자비량 선교를 하기 위하여 노동을 한 것은 에배소 장로들도 알고 있는 것을 보여주고 있습니다. 주님도 요 10:12 "삯꾼은 목자가 아니요 양도 제 양이 아니라 이리가 오는 것을 보면 양을 버리고 달아나나니" 말씀 했습니다. 곧, 바울은 주님의 기뻐하시는 사도로 교회와 장로들에게 본을 보인 것입니다.

3. 고별 기도를 합니다.

37절 "다 크게 울며 바울의 목을 안고" 진정 성도의 깊은 사랑의 나눔의 모습입니다. 사도들과 장로들의 눈물 이 기도는 목회 사역의 결정체의 아름다움입니다. 깊은 영적인 위로와 격려이며 신뢰와 사랑의 확인입니다. 또한 작별에 대한 깊은 아쉬움을 견디다 못한 감정을 억제하지 못한 눈물입니다. 바울이 고별 설교와 함께 기도로 그 간의 교제를 마감하는 모습입니다. 오늘날 우리는 목회자와 성도 간에, 성도와 성도 간에 이와 같은 주안에 아름다운 교제로 마감할 수 있다면 은혜와 복입니다. 이 땅에 성도의 교제는 하나님이 우리에게 주신 위로와 기쁨입니다.

가이사랴에서

행 21:8-14

밀레도에서 장로들과 작별하고 고스로 가서 그 후 로도에 이르고 또 두로에 도착하고 그곳에서 제자들과 이레를 함께하다가 두로를 떠나 돌레마이를 거쳐 가이사랴에 이릅니다.

1. 빌립의 집에 머물게 됩니다.

8절 "일곱 집사 중 하나인 전도자 빌립에 집에 들어가" 빌립은 사마리아 성읍을 복음화 시킨 부흥의 주역입니다. 바울은 빌립에 집에 머물게 된 것은 큰 위로입니다. 가이사랴는 거대한 항구 도시로 유명한 곳이며 바울은 이 도시를 선교 여행 중 3번 방문한 셈입니다. 이번이 세 번 째 입니다. 빌립은 사마리아 전도 사역 이후 가아사랴에 정착하여 20여년 살고 있는 것으로 추정합니다. 무엇도 빌립은 복음사역에 큰 부흥을 일으켰으며 빌립의

딸 4명도 처녀로서 예언하는 신령한 자녀들이었습니다. 이는 은혜이며 축복입니다. 중요한 예언의 은사로 통해 초대 교회에 상당히 중요한 역할을 하였음을 말해줍니다. 그러면에서 바울도 마음에 위로를 얻었을 것입니다.

2. 아가보 예언이 있습니다.

11절 "바울의 띠를 가져다가 자기 수족에 잡아매고" 바울은 빌립의 집에서 상당히 오래 머물고 있습니다. 이 때 아가보라는 선지자가 유대로부터 내려와 바울의 "띠"를 어디서 구했는지 모르지만 그 띠는 폭이 약간 넓고 길이가 길어 허리에 여러 번 둘러 감는 천을 가리키는 것입니다. 아가보는 이 띠를 가져가다 자기의 손발 묶는 행위로써 예언적 메시지를 전합니다. 곧 아가보의 구체적인 예언의 내용은 바울이 장래에 결박과 투옥을 당한다는 예고이며 이는 성령도 증거하는 일이라 합니다.

3. 바울은 죽을 것을 각오합니다.

13절 "예루살렘에서 죽을 것도 각오하였노라" 아가보의 예언을 들은 가이사랴 현지 성도들 뿐 아니라 바울을 수행했던 누가 일행도 합세하여 바울의 예루살렘으로 올라가는 것은 만류했습니다. 그러나 바울은 자신을 설득하려는 권함을 거절합니다. 자신은 죽기도 각오 한다는 의지를 보여 줍니다 바울이 이처럼 죽음을 불사하면서 예루살렘에 올라가려함은 두 가지 이유가 있습니다.

① 이방 교회 예루살렘 교회에 전달해주어야 한다는 강한 의무감에 사로 잡혀있습니다. 예루살렘 교회 초대교회의 모교회였지만 이상하리만큼 가난한 성도가 많았고 기근이 심했습니다(롬 15:25-32). 바울은 이러한 이유로 마게도냐, 아가보 이방교회에서 거둔 헌금을 전달해주기를 바란 것입니다.

② 예루살렘에는 여전히 유대계 신자들이 이방 신자들과의 사이가 소원한 관계가 지속되었기 때문에 그들의 원만한 연합을 도모하고자 했습니다. 이는 다 주 예수의 죽으심으로 한 하나님의 언약 백성이라는 중요한 연합을 위해서입니다. 물론 바울은 자신에게 남은 복음의 행선지를 향해가는 것이 목적이지만 이 모든 것을 위해 예루살렘에서 결박 받을 것을 알고도 피하지 않겠다고 합니다.

예루살렘에서

행 22:22-29

성도들의 만류에도 불구하고 바울은 예루살렘으로 올라갑니다. 이 때 예루살렘에 도착한 바울은 먼저 예루살렘 공회의장은 야고보를 방문합니다. 당시 야고보는 공회의 수장으로 유대인들에게까지 '의인 야고보'라 불려지는 칭호가 있었던 존경을 받았습니다. 이 자리에 예루살렘 여러 장로도 참여하여 바울을 환영합니다. 그러나 이레가 지나갈 쯤 아시아에서 온 유대인들이 성전에 있는 바울을 보고 무리들을 선동하여 바울을 체포합니다. 이로 인하여 구금이 되었고 바울은 재판회부를 기다립니다.

1. 민심이 큰 동요로 분노합니다.

22절 "이러한 자는 세상에서 없애 버리자" 이러한 유대인들의 반응은 바울의 변명 때문입니다. 바울은 체포되면서 자신이 다메섹 회심과 나사렛 예수는 이단 괴수가 아니라 우리 구주가 되심을 자신의 체험을 통해 전해주었습니다. 이후에 바울은 자신이 핍박받았던 스데반 집사와 나사렛 예수를 위한 증인이 된 것이라고 설명할 때 그 증거를 듣던 유대인 무리가 바울을 죽이자고 소리친 것입니다. 바울에게는 목숨이 위태한 것입니다.

2. 천부장이 바울을 지켜줍니다.

24절 "천부장이 바울을 영내로 데려가라 명하고" 바울은 아랍어로 청중에게 말했으므로 천부장은 그가 무슨 말을 했는지 알 수는 없으나 군중들의 흥분으로 보아 바울에게 무슨 일 있을 것으로 알고 영내로 데리고 가 무슨 일인지 알고자 하여 채찍 하여 신문하게 된 것입니다. 그래도 군중에게서 바울을 격리할 수 있게 된 것도 하나님이 지키심입니다. 바울이야말로 그가 사는 순간순간 늘 편안한 날이 없었습니다. 끝없는 숱한 험한 일들이 늘 있었습니다. 그러나 하나님은 언제나 그의 길을 굽어 살피시고 늘 지키십니다. 시 121:5 "여호와는 너를 지키시는 이시라" 시 121:8 "여호와께서 너의 출입을 지금부터 영원까지 지키시리로다" 그렇습니다. 우리의 인생의 길을 정하시고 그 길은 온전히 인도하시며 늘 지키십니다. 오늘날 우리도 이 믿음으로 내 갈길을 맡기며 주의 도우심을 바랍니다.

3. 로마 시민권자임을 밝힙니다.

25절 "백부장더러 이르되 너희가 로마 시민 된 자를 죄도 정하지 아니하고 채찍질할 수 있느냐" 당시 로마 시민권을 가진 로마사람은 권리를 갖고 있습니다. 그것은 당시에 로마 시민은 발레리안법과 포르시안법에 의해 보호를 받았는데 정당한 재판에 의해 형이 확정되지 않은 상태에서는 채찍질을 금지되어 있었습니다. 만일 이 법을 어기고 함부로 채찍질을 가하면 가중 엄격한 처벌 받아야 했고 뿐만 아니라 쥴리안 법에 의하여 로마 법정에 호소(상소) 할 수 있도록 규정되어 있습니다. 이것을 잘 알고 있는 바울은 아무런 혐의도 없고 재판을 거치지 않는 상태에 부당한 채찍질을 가하는데 대해서 항의를 합니다. 이에 천부장은 놀래서 자신은 돈을 많이 들여 시민권을 얻었다고 합니다. 그러나 바울은 태어나면서부터 시민권자였다 합니다.

로마에 가야함

행 23:1-11

바울은 결박에서 풀려납니다. 그가 로마 시민권자인 것을 안 천부장은 결박을 풀어주고 공회에 나아가 세웁니다. 사실 유대인들은 바울의 죄목이 인지도 확정하지 않고 고발했습니다. 천부장은 제사장들과 온 공회를 모으고 그 앞에 세웁니다.

1. 대제사장 아나니아가 박해합니다.

2절 "바울 곁에 서 있는 사람들에게 그 입을 치라" 당시 산헤드린 공회는 유대 사회에서 최고의 법정입니다. 먼저 바울에게 변론기회를 줍니다. 바울의 변명을 듣던 대제사장 아나니아는 바울의 입을 치라고 박해합니다. 사도행전에는 아나니아 동명 이름이 3번 나옵니다. 초대교회 안에 성령을 속여 헌금함 아나니아(행 5:3), 또한 바울을 위해 기도하던 제자 아나니아 (행9:10), 그리고 대제사장 아나니아입니다. 산헤드린 공회는 대제사장이 의장이며 공회원은 바리새인, 사두개인, 서기관, 장로 71명으로 구성되었습니다. 로마 통치하에서도 정치 문제를 제외한 사회 입법, 사법을 총괄하는 최고의 정책의결 기구였습니다. 율법도 해석하고 종교재판을 했으므로 공회 의장 대제세장 아나니아가 바울을 박해했으니 바울의 재판석에서 많이 불안하고 주눅이 들 수밖에 없지만 그는 오히려 담대했습니다.

2. 부활을 증거합니다.

6절 "나는 바리새인이요, 죽은 자의 소망 곧 부활로 말미암아 내가 심문을 받노라" 바울은 심적으로 많이 힘이 듭니다. 주께서 힘주고 지키시므로 계속되는 법적인 신문을 받습니다. 바울은 공회 앞에서 그 모인 무리 중에 부활을 믿는 바리새인들이 있는 것을 보고 자신도 바리새인이요, 자신을 죽은 후 소망, 부활을 전하는 일로 인해 재판을 받고 있음을 변론합니다. 이 때 모인 공회에서 바리새인들은 바울을 옹호하면서 혹, 영으로 천사로 바울이 말하는 것이라면 반박할 수 없는 일이라 변호해줍니다. 바리새인들은 사두개파와 오랫동안 쌍벽을 이루는 두 집단입니다. 물론 사두개파는 부활, 천사, 마귀, 영적세계를 믿지 않고 오직 모세 오경만을 정경으로 인정하고 다른 교리는 다 부정하고 배타하

는 다윗시대에 대제사장 사독의 후예 집단으로 유대 사회 큰 영
향력을 미치는 친 로마 정부의 귀족계급층입니다.

3. 피할 길을 주십니다.

11절 "그 날 밤에 주께서 바울 곁에 서서 이르시되 담대하라
네가 예루살렘에서 나의 일을 증언한 것 같이 로마에서도 증언
하여야 하리라" 큰 위로가 되는 말씀입니다. "주께서 바울 곁에
서서... 담대하라" 오늘날도 주께서 내 가는 길을 인도 해주시며
피할 길을 주심을 알 수 있습니다. 그리고 끝까지 사명을 이룰
수 있도록 어느 곳에서 있든지 주께서 늘 곁에 계신다는 것입니
다. 주님은 바울에게 예루살렘에서 받는 고난만이 아니라 앞으
로 로마에서도 나의 일을 증언해야 할 사명이 있으므로 약한 마
음 갖지 말고 믿음으로 담대하기를 바라고 계심을 바울을 믿고
담대합니다.

벨릭스에게 고발함

행 24:1-15

천부장은 백부장 두사람을 불러 바울을 보호하여 가이사랴에 갈 것을 지휘합니다. 뿐만 아니라 그곳에 있는 총독 벨릭스에게 편지를 띄웁니다. 바울은 고발할 이유, 결박할 이유가 없는데 유대인들이 그들의 율법 문제로 고발하였고 바울을 죽이기 위해 40명은 먹지도 마시지도 않을 것을 동맹했다고 위급성을 총독에게 편지를 전해주라 합니다. 결국 가이사랴에 바울이 호송을 받아 오게 됩니다. 벨릭스 총독은 고발한 사람들을 기다립니다.

1. 고발자들이 내려옵니다.

1절 "대제사장 아나니아가 어떤 장로들과…. 바울을 고발 하니라" 대제사장이 아나니아는 여러 장로들과 더욱이 변사 더둘로와 함께 내려와 고발합니다.

대제사장 아나니아는 집요하게 끝까지 바울을 쫓아옵니다. 종교적 사유 이외에 개인의 증오심 때문에 가이사랴까지 찾아와 해치려 하며 더욱이 로마 법전에서 바울에게 불리한 판결을 조작하기 위해 변사까지 동원하는 야비한 방법을 씁니다. 그 변사의 이름은 더둘로입니다. 그는 헬라계 유대인이며 대제사장 아나니아로부터 포섭이 되어 산헤드린 공회를 대표하여 바울은 치명적으로 불리하게 하려는데 목적이 있는 것으로 보입니다.

1. 고발의 내용입니다.

5절 "이 사람은 전염병이라" 전염병은 헬라어 "로이모스" 단어로 흑사병과 같은 전염병으로 한번 걸리면 생명을 위태롭게 하는 전염병입니다. 이는 바울이 전한 십자가의 도가 급속도록 퍼져나가 사람들에게 흑사병 같이 해가 된다는 것입니다. 이는 아나니아 일행 치밀한 준비로 벨릭스가 분노를 일으키도록 유발해합니다. 사실 벨릭스는 유대를 통치하면서 소요를 일으키는 사람은 주동자 뿐 아니라 추종자까지도 처형시키곤 했습니다. 유대 사회는 벨릭스의 통치가 절대적이므로 속히 바울을 처형하기를 기대한 것입니다. (8절)

2. 바울이 변명합니다.

10절 "당신이 여러 해 전부터 이 민족의 재판장 된 것을… 기꺼이 변명하니이다" 벨릭스는 바울에게 말로 답변하라고 명하지 아니하고 머리로 표시합니다. 즉, 자신의 위엄을 과시하는 일종의 표시이니 피고 바울을 업신여기는 처서입니다. 그만큼 바울이 선 피고자리가 하나님이 함께 위태로운 위험한 자리입니다. 그러나 바울은 재판장에게 정중한 예의를 표시하며 답변합니다. 바울은 조상들의 하나님을 섬기며 율법과 선지자의 글을 믿는다고 합니다. 또한 하나님을 향한 소망을 가졌으며 의인의 부활과 악인의 부활이 있다는 것을 믿고 전했다고 자신을 변호한 것입니다. 벨릭스는 바울의 변명을 상당히 주의 깊게 듣고 재판을 연기하여 바울에게 자유를 주고 그의 친구들의 면회를 하게하고 음식도 주는 것을 허용했습니다. 이는 벨릭스는 바울이 무죄함이 상당 부분이었음을 짐작하게 합니다. 단 바울을 석방하지 못함은 유대인들 비난에 처하게 됨으로 바울을 계속 2년간 구류 해두게 됩니다.

베스도에게 고발함

행 25:1-12

총독이 바뀝니다. 베스도는 AD 58경에 총독으로 부임하여 AD 62경까지 자리를 지킵니다. 신임 총독 베스도는 부임한 지 사흘째 되는 날에 예루살렘을 방문합니다. 자신의 구역실태를 파악하기 위한 것이 급선무였기 때문입니다.

1. 바울이 고소당합니다.

2절 "…바울은 고소할새" 본래 대제세장은 한 명이고 종신제이며 자손에게 계승 되었으나 벨릭스 통치 말기에 아니니아 대제사장직을 이스마엘로 하여금 계승하게 했습니다. 한편 신임 총독 베스도가 관할 지역의 유력자들에게 환심을 사려고 지방 방문을 하는데 이 기회를 놓치지 않고 바울을 공격하고 나섰습니다. 더 나아가 바울을 죽이려는 마음을 버리지 않고 기회만 엿보는 것입니다. 2절 上 여기에서 "대제사장들.." 은 전직 대제사장들을 포함하여 불립니다.

2. 고소하는 목적은 죽이려 합니다.

3절 "이는 길에 매복하였다가 그를 죽이고자 함이더라" 바울을 고발한 무리들은 새로 부임한 베스도가 아직 아무 것도 모르는 것을 악용하여 바울에 대한 재판을 청구하여 예루살렘에서 재판이 열리면 그 길에 매복하였다 중간에서 죽이려는 음모를 계획합니다. 사실 바울의 생명이 위험에 빠진 일들이 여러 차례 있었습니다. 유대인 40여 명은 바울을 죽이기까지는 먹지도 마시지도 않겠다고 동맹을 했습니다. 복음전파를 방해하는 우는 사자와 같은 악한 마귀가 입 벌려 삼키려는 것입니다. 그러나 주 예수님은 우리의 대장되시니 끝내 피할 길 주시고 이기게 하십니다.

3. 가이사에게 상소합니다.

10절 "바울이 이르되 내가 가이사의 재판 자리 앞에 섰으니…" 베스도는 예루살렘을 방문한 후 다시 가이사랴로 내려옵니다. 그리고 바울에게 함께 예루살렘에 올라가 고발 사건에 심문을 받겠느냐고 의견을 물어봅니다. 이 때 바울은 로마 시민권자로서 로마 황제 가이사에게 이미 상소를 했으므로 예루살렘으로 다시 올라가지 않겠다고 단호히 답변합니다. 바울은 담대합니다. 베스도 총독의 제의가 로마법 절차에 어긋한 것을 지적합니다. 왜냐하면 로마 시민권자로서 가이사에게 상소한 이상 하위법에 시달리 필요가 없는 것입니다. 물론 베스도 총독도 바울의 무죄성으로 이미 심중에 결정되어 있음에도 바울을 석방하지 못함은 바울이 가이사 황제에게 상소했을 뿐 아니라 유대인들과도 불편한 관계가 유지 될 경우 정치적으로 큰 부담이 되어질 경우로 가이사 황제에게로 바울을 보내기로 최종 결정을 합니다.

바울의 변명 (아그립바 왕에게)

행 26:1-7

아그립바왕은 헤롯대왕 증손인 아그립바 2세입니다. 그의 부친이 별세되었을 때 그의 나이 17세에 불과하였고 그의 부친처럼 친 로마 성향이 강한 인물입니다. 베니게는 아그립바 2세의 한 살 아래 누이이며 벨릭스 전 총독의 처 드루실라의 언니입니다. 아그립바 2세 오빠와 함께 베스도의 취임을 축하하러 온 것입니다. 이 때 바울에 대해 청문회를 아그립바왕이 주도하여 진행하게 되었고 바울은 아그립바왕 앞에 나서게 된 것입니다.

1. 아그립바 왕에게 변명합니다.

2절 "아그립바 왕이여 유대인이 고발하는 모든 일을 오늘 당신 앞에서 변명하게 된 것을" 바울은 사실 상소로 재판이 끝난 것이며 청중들이 호기심을 위해 다시 변증을 해야 할 의무는 없는 것입니다. 그러나 바울은 그 기회를 자신의 무죄라고 주장하는 것보다는 복음을 증거할 수 있는 기회로 보아 더욱이 가이사랴에 최고지도자들 앞에 손에는 사슬이 묶였지만 변명하는 바울은 비장한 모습입니다. 또한 정중한 자세로 최대한 그의 앞에 위엄 있게 있는 청중 앞에 예절을 갖추어 연설하게 됩니다.

2. 바울의 변명의 내용입니다.

6절 "…우리 조상에게 약속하신 것을 바라는 까닭이니" 바울은 지금까지 자신이 체험한 나사렛 예수에 대한 증거를 합니다. 원래 성도와 교회를 핍박하고 스데반 집사가 순교할 때 찬성표를 던지고 주도하였고 말합니다. 그러나 다메섹에 성도들을 결박하고 옥에 가두기 위해 가는 중 주의 음성을 듣게 되었고 그 음성에 놀라 "주여 뉘십입니까?"(15절) 이 때 주께서 나는 네가 핍박하는 예수라 말씀에 자신은 회심하게 된 체험을 증거하게 된 것입니다. 그리고 복음의 사명을 위해 부름 받게 되었고 이방인들에게까지 보내진 것도 주님이셨음을 변명합니다. 바울은 이 복음으로 사탄의 권세에서 만민을 하나님께로 돌아오게 하고 죄사함과 거룩한 무리가 되게 하며 하나님의 기업을 얻게 하려 하심을 말한 것입니다.

3. 아그립바 왕이 바울을 변호해줍니다.

32절 "이 사람이 만일 가이사에게 상소하지 아니 하였더라면 석방 될 수 있을 뻔하였다 하니라" 바울의 변명에 아그립바왕은 감동을 받습니다. 단, 바울의 말에 너무 동조하면 유대인들 눈에 거슬리겠고 베스도 총독 앞에서 위엄을 잃을 것을 눈치 보는 미지근한 태도로 일관합니다. 그러나 바울에게는 어떠한 죄목을 찾을 수 없음은 변호해줍니다. 그러면에서는 베스도 총독도 같이 동조하는 부분입니다. 만약 바울이 가이사에게 호소하지 않았다면 분명히 석방 되었으리라 보아도 무방합니다. 그럼에도 불구하고 석방되지 않는 것은 로마 가이사에게로 가야함이 주님의 뜻이 있습니다. 이미 행 23:11에 "주께서 바울 곁에 서서… 담대하라 네가 예루살렘에서 나의 일을 증언한 것 같이 로마에서도 증언하여야 하리라" 하신 것입니다. 주님은 바울에게 마지막 선교지로 로마를 예정하심입니다. 주님이 사랑하는 사도 바울에게 부여하심은 그리스도의 복음을 세상 끝까지 전파하게 함입니다.

유라굴라 광풍

행 27:1-11

　　바울이 로마로 압송되어집니다. 단순한 여행이 아닙니다. 죄인으로써 가이사에게 재판을 받으러 가는 여정입니다. 다행히 호송 책임자 백부장 율리오는 바울을 친절히 대해주며 친구들과 동행도 허락해줍니다. 관대함입니다. 지중해를 항해하는 여정은 결코 쉽지 않는 여정입니다. 바울은 가이사랴에서 2년간 구금되었다가 누가와 아리스다고와 또 다른 죄수들, 즉 사형 판결을 받은 자들로 로마원형에서 맹수들의 싸움대상으로 보내지는 것으로 보여 집니다. 바울 일행이 올라탄 배는 알렉산드리아에서 로마까지 고물을 운반하는 운반선이나 여객선 역할도 하는데 276명의 사람들을 태울 수 있었습니다. 미항에 머물렀다가 다시 행선하려 할 때에 다음과 같은 사건이 일어납니다.

1. 바울은 풍랑을 예고합니다.

10절 "우리 생명에도 타격과 많은 손해를 끼치리라 하되…" 바울은 여러 차례 항해를 하다가 세 차례 파선을 당하여 위험을 몸소 체험한 바가 있습니다(고후 11:25). 따라서 바울이 항해를 중단하라는 것은 그의 경험상도 있지만 기도 중에서 지금은 항해를 중단하고 겨울을 지낸 후에 할 것을 권고한 것입니다. 곧, 바울의 이 말은 나중에 그대로 이루어진 것을 보면 하나의 예언으로 보여지기도 합니다. 하나님은 많은 경우에 인간의 경험과 지식을 무시하지 않고 그것을 통하여 섭리하십니다.

2. 백부장은 항해를 계속합니다.

11절 "백부장이 선장과 선주의 말을 바울의 말보다 더 믿더라" 바울은 겨울을 미항에서 지나고 항해할 것을 말합니다. 그러나 백부장은 로마 정부와 계약관계로 망설일 수밖에 없는데 선장, 선주는 견해는 자신들의 경험상 항해할 것을 주장하니 백부장은 항해 전문가의 말을 더 믿게 됩니다. 그러나 바울은 인생의 가는 길을 하나님께 구하고 그 길을 맡기는 신앙으로 기도하는 하나님의 종으로 이 항해는 강행군 하지 말자라고 권유한 것입니다. 사실상 여러 이유가 있다할지라도 후에 하나님의 구원으로 생명은

건졌지만 큰 풍랑으로 인해서 불 순종한 인생의 길은 미래가 보
장되지 않는 길입니다.

3. 큰 광풍을 만납니다.

14절 "…유라굴로라는 광풍이 크게 일어나니" "광풍"은 갑작
스런 태풍이며, "유라굴로"는 동북풍을 가리킵니다. 이 바람은
지형의 영향으로 생기는 바람입니다. 그레데섬 한 가운데 우뚝
솟아있는 아다산맥으로부터 생기는 기류로 인해 태풍이 생긴 것
입니다. 여하간 태풍은 더 심하여지고 사공들은 배의 짐을 바다
에 다 던져버리고 배에 기구도 바다에 던지게 됩니다. 여러 날 해
달별도 볼 수 없고 구원의 여명이 보이지 않는 위태로운 순간입
니다. 먹지도 못하고 살려고 애썼으나 이제는 탈진상태이고 자
포자기한 처지에 있습니다. 이 때, 바울은 하나님의 사자의 말을
전합니다. 두려워 말라(24절) 내가 가이사 앞에서야 하겠고 또
하나님이 너와 함께 항해하는 자를 다 네게 주셨다 하였으니, 안
심하라(25절) 나는 내게 말씀하신 그대로 되리라고 하신 하나님을
믿는다고 합니다. 결국 14일 풍랑에 시달리던 276명은 구원을
얻게 됩니다. 그들이 구조된 섬은 멜리데섬입니다. 그곳에서 세
달을 지내고 겨울을 보낸 후 로마로 갑니다. 이 세상은 바다이며
우리 인생은 배입니다. 주의 말씀 듣지 않고 떠나는 배는 인생의

큰 시험인 풍랑을 만납니다. 풍랑 속에 죽을 인생 구원하시는 이는 주님이시요 주님은 사명 감당하는 주의 종을 끝까지 지키시고 인도해 주심을 오늘도 주를 바라는 믿는 자들에 주시는 동일한 은혜입니다.